謎が解かれたその日から

発達障害の
3きょうだいと
お母さんの物語

国立ともこ
Kunitachi Tomoko

宮本　郷子
Miyamoto Kyoko

著

JN096765

クリエイツかもがわ
CREATES KAMOGAWA

次々に

診断下るわが子たち

謎が解かれたその日から

いちから子育てやり直し

それぞれに特性の違いはあるものの、産んだわが子が皆、発達障害の診断を受けた。

　これまでの子どもたちの育ちを振り返ってみると、疑問の多い、手がかかる子育てだった。

　診断を受けたことによってその疑問の謎が解け、子どもたちの特性を知ったことで、これまでの育ちの中で起きた大変だった時期のその背景や、それによる子どものストレスなどが今になって結びつき、納得することができた。

　そしてまた、その事実を知ったことで、どれほど子どもたちが集団生活や家庭の中でも、不安や苦痛、混乱や葛藤を感じながらの日々を送り、心に深く傷つくような出来事も言葉にできずに、身も心もボロボロになるまで一人で抱え込ませていたのかと思うと、子どもたちへ謝罪の気持ちでいっぱいだった。

　長女はな、長男じろ、次男たろと順番に集団生活に不適応を起こし、家での生活にも支障が出始め、当たり前のように送っていた日常が乱れ、うつ病、不眠、フラッシュバック、かんしゃく、感覚過敏、幻聴、自傷行為、拒食、アトピーの悪化、強い腹痛や肩こりなど、心身の状態も目に見えて悪くなってしまい、今、子どもたちが生きること、生活することのすべてにフォローと寄り添いが必要であると痛感した。

「今、この時、この瞬間を生きる」
　に気持ちを置いて、今の子どもたちと向き合おうと決意。

これまでの子育てのあり方、考え方は全部捨て、子どもたちの心身の状態に合わせた寄り添いを大切にしながら、生活を立て直していこう。

　これが何年続くのか、どうなっていくのかもわからないが、きっとこれからの何年間は、子どもたちが生きていくために必要な生きる土台、基盤づくりになる大切な時間を過ごすような気がして、もう一度、新たに、子どもたちとの向き合い方や関係を築き上げていこう、そう決心した。

CONTENTS

この物語の家族

はは

1977年生まれ。

大阪芸術大学短期大学部通信教育部保育学科を卒業し、保育士資格や幼稚園教諭二種免許、社会福祉主事任用資格取得。NHK学園介護福祉士専攻科卒業。介護福祉士資格取得。36歳の時に、ADHDの診断を受ける。人生で試練の連続が起きた時でも、「腐っても鯛」でいられる自分でありたいと、この言葉を人生のモットーにして生きている。

HANACHAN Birthday.1998

長女 はなちゃん

2010年夏休み明けの9月、当時小学6年生だった長女はなちゃんが、学校へ行きしぶり始めたのが、私たち家族のこの物語の始まりだった。

本格的に不登校になったのは運動会が終わった10月。しばらくはまばらながらも登校していたのが完全に登校することができなくなり、そこから日に日に心と体のバランスを崩していった。

部屋にひきこもり、家族との関わりも避け、強い腹痛や肩こりといった体調不良とともに、うつや幻聴、フラッシュバック、自傷行為、拒食過食などの精神症状に襲われる日々。

ここからの日常生活は学校問題や勉強どころではなく、これらの精神症状に対する理解と対応が一番に必要となった。

小さい頃から日常生活の中での納得できないことに対しての主張が激しく、ごまかしも通用しないので物事が進まず、スムーズにいかない場面が多かったが、弟たろが生まれてお兄ちゃんになってから随分ソフトになり、たろをかわいがる優しいお兄ちゃんになった。

4年生の時に教室へ登校しなくなり、5年生まで学習室登校。この年に発達障害の診断を受ける。6年生から支援クラス（特別支援学級）へ

長男 じろ

入級。教室で過ごしていた時は、じろの場に適さない言動や態度、目を見て話さないなどへの指摘や注意を受けることが多く、よく叱られていた。歯車が狂ってしまってからは、外出への不安感や緊張感、警戒心、音への感覚過敏が強くなり、エネルギーのアップダウンが激しくなってしまった。

次男 たろ

小さい頃から頭の回転が早く機転が利き、自分の考えや意思をしっかりもち、ユーモアもたっぷりで、小さいながらもすでに個性ができあがっていた男の子。ずっと動いているかしゃべっているか、いたずらしているかで、たろの幼少期の子育ては毎日が体力勝負だった。

0歳児から保育園生活を送っていたが、保育園生活最後の5歳児クラスの時、園生活の中で気になる姿があると知り、ここ数年で姉兄たちが続けて不登校や発達障害の診断を受けてきたこともあり、たろも小学校へ上がる前に検査を受けた結果、発達障害の診断が出る。

そしてまさかの入学式から不適応を起こし、日常生活でも史上最強の感覚過敏やかんしゃくの嵐が吹き荒れる状態となってしまった。

謎が解かれたその日から

2010~2011

さむい……

明日も仕事……

はなちゃん：小６～中１

　小学６年生の２学期から学校に行けなくなり、ただ学校に行けないだけでなく心身の状態までが日に日に悪くなって、日常生活も崩れていくが、まだ精神科にたどり着く前の頃。

　自分の欲求を聞き入れてもらえないと拒否されたと思い、泣く、わめくのかんしゃくを起こすようになった。

　「こんなに爆発するほど自分の欲求を出せずに我慢させ、押さえつけていたんだ……」

　そう思い、できる限りの欲求には応えるようにし、「これまでため込んできた思いを出し切ってもらいたい」そういう気持ちで、はなちゃんの

　「今すぐ○○が欲しい！」

　にあちこちと自転車を走らせていたあの頃。

　夜10時半、漫画を買いに夜道をキコキコ……。

学校に行けなくなってから、徐々に外へ出ることが精神的にしんどくなり、出られたとしても強い腹痛に襲われ、何度もトイレに駆け込み、手を握っていないと不安になったり、しがみつくように歩いたりの状態となってしまった。

　握りしめた手が、不安と緊張と恐怖心で震えているのを感じ、はなちゃんの心にため込んできたつらい経験のその傷の深さを、ようやく私の実感として深く理解することができた。

　「行かないといけないのに行けない　行きたいのに行けない　何で行けないの……」

　うまく言葉にして言えない、説明ができない今の自分の状況に、頭の中がひどく混乱し、頭痛、肩こり、腹痛に襲われ、日に日に日常生活に支障が出るほど、心と身体のバランスを崩していった。

　それでも登校時間に見える中学生の姿を、窓からじっと眺めながら、

　「私も本当はみんなのように新品の制服を着て、中学校に行ってたはずなのに……」

　と学校への思いを抱えながら、どうしようもできない今の強い葛藤や行き詰まり感で苦しい日々だった。

　中学1年生に入った頃から、耳にピアスをたくさん開けることに執着した。

　ピアスを開け始めた理由は変身願望からだったが、フラッシュバックなどで聞こえる声などで心が苦しくなると、それを紛らわせるためにいくつものピアスを開けるようになった。

　それからの数年間は、ふとした日常での出来事や会話がきっかけで、急に闇のスイッチが入ってしまうことがあり、そこから衝動や自傷行為が起き、相当な精神力と心を保つことが必要な場面が何度も起きた。

　それが起きるたびに、はなちゃんのその状態を一人で抱え、対応していくことに大きな不安と恐怖もあったが、どこまで許すのかの線引きを自分の中で決め、そこまでは何があっても気を強くもって受けとめ、その後のフォローをし、はなちゃんの行動よりも、そこまで苦しいのかというはなちゃんのつらさを理解するようにして、その時、その時を終わらせていった。

2012

そんなふうに感じて
生きてきたんだ……

はなちゃん：中2

　みんなが学校へ行っている時間帯は、自分が学校に行っていない罪悪感で外へ出られず、夕方も同級生に会うのが嫌で外に出られない……。

　家にいても悪い思考で心身ともに消耗し、解放されることのないつらい現実と感情に、ただ毎日、その日を生きていくのが精一杯だった。

　この頃、母の誘いに応えられる時は、2人で人がいない夜の時間帯にいろいろな話をしながら歩いた。

　これまで、はなちゃんがどんな感覚で生きてきたのか、どんな捉え方をして学校生活を送り友達と関わってきたのか……楽しそうに振る舞っていても、周りの人や状況に適応させることにエネルギーを注いできたこと。自尊感情が低く、相手を優先し、自分はいらない人間だと感じていることや、自分を守る解釈ができないこと。

　話を聞いていく中で徐々にはなちゃんの世界観が見えてきたように感じた。

　でも、それを知ったことで、ここまで歪み固執した思考や思い込み、思考回路をどうしたら解けることができるのか、すごく悩んだ。

　付き添って行った美容室。

　美容師のお姉さんがはなちゃんに話しかけてくれるのだが、どう
しても学校の話に……。

　中学生活がどんなものなのか、中間テストや期末テストのことを
聞かれても、いつやっているのか、そんなテストがあることさえ知
らないのに、黙り込まないで何とか質問されたことへの返事をして
いたはなちゃん……。

　はなちゃんの事情は知らなくて当然だけど、お姉さんの質問に一
生懸命答えるはなちゃんの声に胸が苦しくなり、本当に切なくてし
かたなかった。

　外に出ると、学生が楽しそうにしている姿を見て、いろいろと感じ取ってしまい、悪い思考が頭の中で暴走して、精神的に強いダメージを受けてしまう時期が5年ほど続いた。

　外の雑音が耳に入らないようにイヤホンをし、音楽を聴いてシャットダウンするものの、魂が抜け、どこを見ているのかわからない目つきになり、まるで異空間に存在している自分の姿や存在自体を消してしまうような、そんな状態になってしまうことがよくあった。

　自暴自棄のピークとはなちゃんが言っていた中学2年生の頃。

　家族にも会いたくないと、自室にこもり続ける時期や、学校で体型のことを言われた言葉がフラッシュバックし、自分の体型も顔も醜いという思考に襲われた時は、食べ物のカロリーにひどくこだわったり、食事を取らなかったりして、急激に痩せていく時期もあった。

　うつの症状がひどい時は、布団から起き上がることさえもできない状態となり、お風呂や洗髪を自分でできるエネルギーもないので、一緒に手伝ったりしていた。

　強い孤独感や寂しさを感じる時も多く、赤ちゃんの頃に戻ったかのようなスキンシップを求めてくるなど、心と体の状態は日々不安定だった。

学校に行ってなくても、常に苦しい感情に襲われ、心が全く休まらない状態を生き続けている日々。そして心に限界が来たという状態にまでなり、もう何も感じたくない……と、はなちゃんの生きるエネルギーが底をつき、

「もう終わりにしたい」

そんな心理状態にまで落ちてしまった。

ある日の早朝、台所から料理をする音が聞こえ、起きてみると食卓テーブルには炒め物や和え物、お味噌汁が並び、栄養たっぷりの豪華な朝食ができあがっていた。

この年は、下の弟たちの歯車までもが少しずつ狂い始め、夫婦関係までもが崩壊し離婚するなど、家庭内で大変なことが次々と重なって起きてしまい、私自身の精神的ダメージも相当なものだった。

　自分の存在を消してしまいたいほど苦しく、生きている毎日が地獄だったはなちゃん。そんな状況の真っただ中を生きていたこの頃、自分の苦しみでいっぱいだった毎日の中でも、以前のような明るいはなちゃんの姿が見られる時があり、そんな時は兄弟や母親の私への気遣いから率先して動いてくれることに、はなちゃんの貴重なエネルギーを使ってくれることがあった。そのはなちゃんの優しさや思いやりの気持ちに、実際は私の方が救われ、支えられていることも多かった。

じろ：小5

　長男じろが、下校時に先生とのトラブルが原因で、その後精神的に不安定な状態になってしまい、アトピーの悪化や不眠、言葉がうまく出ないなどの症状にまで陥ってしまった。

　この件があった後、じろへの対応や特性を詳しく知るために、担任の先生や教頭先生がクリニックへ行き、主治医の先生との面談を受けてくれることになった。

　じろの状態が落ち着き始めた頃、

「誰にも会わないで済むなら学校に行く」

　と言い出したので、担任の先生と相談し、別室でじろだけの個別スペースを作ってもらえることになった。そしてそこに、じろの好きなパズルを用意。

　何度かこの部屋に登校した後、じろの心も少しずつ回復し、個別

スペースの隣にある支援教室に自分から行くようになり、支援の先生とボール投げをして遊ぶなど、また先生との関わりをもてるようになった。

たろ：6歳

　次男たろの保育園生活も最後の5歳児クラス。

　この年の1年、たろは保育園での集団生活の中で少しずつ適応していくのが難しい姿が目立ってきた。小さい頃から日常生活の中でも、遊びや動き、発する言葉や自己主張、そして時々起こすかんしゃくや、起きて活動している時間のすべてが激しく、その高いエネルギーについていくのが大変な毎日だったが、たろがもつ独特な発想や感性に楽しませてもらえるところも多く、その個性に驚かされたり、感心することも多かった。

　しかし、保育園も卒園に向かっていく後半の時期に入ると、日常生活の中でも反発やこだわり、かんしゃくを起こすことが多くなってしまい、保育園最後の卒園式の日は、会場に入る前から拒否。

　結局、親子2人で会場の後ろの片隅に座っての卒園式となった。

はなちゃん：中3

　中学3年生になった春、はなちゃんが籍を置いている中学校の支援教室で、新しい先生との出会いがあった。

　まだまだ心の状態が不安定で、自己否定の闇に落ちやすく学校へ行けることへの望みや期待など、考えられない状態だったが、この新しい支援の先生との出会いによって、はなちゃんの心の中に少しずつ、温かな居場所となるようなものができ始めた。

　この先生がいてくれている安心感が、心が不安定ながらも登校できそうな日は、少しの時間でも支援教室へ登校するようになり、小物作りや先生とのおしゃべりを楽しめる時間を過ごせるようになった。

　これまで、心に嵐が起こると自分を壊してしまうような行為に走っていたが、嵐や衝動が起こっても、自分の気持ちを落ち着かせるために、心に響く歌や勇気をもらえる歌詞を見たりして、セルフケアをする姿が出てきたりと、はなちゃんにとってこの中学3年生での1年間は、行ったり来たりのブレがありながらも、少しずつ前向きな行動を起こそうという意識の変化やそのための行動を起こす姿が出てき始めた。

じろ：小6

　小学4年生の2学期から教室へ入ることを渋り始め、学習室登校となったじろ。

　それからの学校生活は遠足や運動会といった学校での行事も集団行動はせず、先生の配慮をもらいながら、じろの思うような形で参加させてもらっていた。

　これまでの学校生活の中で、先生の指示が通らなかったり場の状

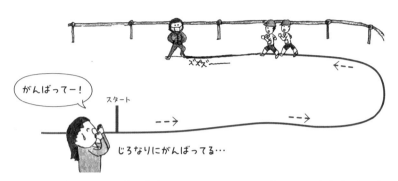

況に合わせられず一人違うテンションになったりで、注意を受け叱られることが多かったじろ。その不満は、歯車が狂ったことで、先生や学校に対しての反抗心が強くなってしまった。

そんな状況で小学校生活も最後となる6年生の2学期、11月のマラソン大会に「出る！」と言い出した。

当日、走るのかと思えば、ジャンパーのポケットに両手を突っ込みながら、マラソンコースをボテボテと歩いたり、コースのライン上をつま先でズリズリと線を引いてみたり、応援に見に来ている保護者もたくさんいる中、かなり目立っているじろの不思議な行動に、正直複雑な気持ちになったが、じろなりに参加しようとしているその前向きな気持ちを、大切にしようと思った母だった。

───────────────────────────

いろいろあったじろの小学校生活。

そのたびに学校の先生と話し合い、できる限りの協力と、先生の気持ちのこもった対応や励ましの言葉が、どれほどあの時の私の支えとなり、前向きに頑張るエネルギーとなったことか……。

今思い返しても、子どもの大変な時の姿よりも、支えてもらった先生たちのその時の姿や光景の方が、思い出となって浮かんでくるから不思議。

この数年間は大変なことも多くあったけれど、つらい状況ばかりにとらわれて、子どもの成長を感じ取れないなんて、そんなのもったいないこと。

おめでとう

ういっす

卒業証書授与は支援教室で

私の貴重な子育ての時間を、「大変だった」だけで終わらせたくない。どんな状況でも子どもの成長の節目はちゃんとやってくるし、その喜びは条件などなしで感じたい。こうなってからの子育ての方が、一瞬一瞬の子どもたちの姿がとても貴重に感じ、そこで感じた一つ一つの実感が私の心の深い所に響き、どの瞬間も宝物のような時間の中を過ごしているのだということを感じるようになった。

たろ：小１

「チャックのズボンはイヤっ！」

「行きたくないー‼」と朝から大騒ぎ……。

始まるよ
いそいでー

にいちゃんが
いっしょに
いてやるからなっ‼

かえるー！

すぐ終わるから！

何とか家を出られたものの、全く歩こうとしないたろをじろがおぶり、あやしながら、なだめながらの大騒動で小学校の入学式へと向かった。

　この後も学校では、全力で逃げ回る、騒ぎ立てる、全く言葉が入らない状態のたろの姿に、予想していた以上の現実を突きつけられてしまうことに……。

　こうして、ここからたろの波瀾万丈な小学校生活が、スタートしたのであった。

　小学校に入学してからのたろは、環境の変化が大きなストレスになってしまい、家でも学校でも度々激しいかんしゃくを起こすようになった。

　学校では教室にも入れず、落ち着かないのか校舎内をウロウロ……。ずっと付き添っていた私が、少しでもたろの行動を注意したり、やめさせようとすると、一瞬で激しいかんしゃくが起こり、一度始まったかんしゃくはどう対応しても意味がなく、ひたすら終わるのを待つだけで、どうしようもできない状態だった。

やっと落ち着いた

　さんざん激しく発散した後は、校舎内の陰でクールダウン。疲れ切ってグッタリしているたろを抱えていると、こんなふうになってしまうほどたろの心は、自分で処理ができないくらいに混乱し、そのつらさや心への負担が、何だかとても切なく、かわいそうな気持ちになってしまった……。

　小学校に入ってから大きく歯車が狂ってしまったたろは、とにかく「菌」に対して過敏な反応をするようになった。
　「学校＝菌」
　学校から帰ってくると、玄関で服を脱ぎ、速お風呂へ。学校の物、学校で使っていた物を部屋に持ち込むのは絶対禁止。
　玄関→脱衣所→洗面所はたろが学校から帰ってきてから、お風呂場まで行くのに歩いて通るルートで、私がそこを歩くのは菌がつくという理由で絶対に許されないこと。
　特に布団に入る時の体は綺麗な状態でないといけないというこだわりがあり、お風呂上がりにうっかりとそのNGな場所を踏んでしまったなら、
　「もう1回お風呂に行ってー!!」
　のたろの指令が下り、このやりとりが何度も続いた時には寝る時間も遅くなり、母はうんざり、グッタリ……。

　たろの菌センサーは、学校や家の中だけでなく、外に出た時も反応する。

　特に電車の中は、たろの菌センサーもアンテナが敏感に反応する。

　「イスには絶対に座るな！」

　「持つな、握るな、触れるなー!!」

　と母を囲い、他の人が母に触れないようにガッツリとしがみつかれたこの状態で、電車に乗らなければならなかった……。

たろは小さい頃から、純粋な好奇心（？）から日常的にいたずらがとても多かった。

　どういう仕組みなのかが知りたくて分解したり、家具に釘を打つ、工具で削る、棒で襖をひたすらつついたりするので、家の家具がボロボロになり、物もすぐ壊れたり……。

　小学生になるとナイフ、カッター、工具などの切れ味を確かめたい好奇心がわき、さらにはマッチやライターといった物にも強い興味をもつようになった。

　年齢的にもたせることや危険リスクも高いことを考えると、安易に許すことに迷いもあったが、強い興味と欲求を止めると別の所へ走ったり、隠れてやるようになるんじゃないかという心配もあり、どの興味もやってみて納得すると終わることもわかっていたので、必ず母の目の前でやることを約束し、

一緒に買いに行った。

　時々危なっかしく使ったりするので、そのたびに使い方を誤ると大変なことになることも伝え、何とかこの時期も過ごしていくことができた。

　教室に入ろうとしないたろに、
　「どうしたら教室に入ってくれ
るか？」
　を考えたじろ。
　そして、
　「兄ちゃんが一緒に教室に入ってやる！」
　と言い出した。
　教室の先生にお願いをして承諾をもらい、じろ、たろ、母の３人
で１年生の教室に入り、めでたく自分の教室の自分の席に初めて座
ることができた！
　周りのお友達や先生、みんなが温かく見守ってくれたお陰で、た
ろも落ち着いてイスに座り、入学してから初めて教室で過ごすこと
ができた。

じろ：中1

　中学校へ入学してからの1学期。

　数えるほどしか学校に登校せず、ゲーム三昧で外にもほとんど出ない生活をしていたじろ。

　1学期の終わり頃、久しぶりに学校へ登校した時、すっかり体力が落ちてしまったのを実感し、

「夜歩こう！」

と2人で決めた。

　夜の9時〜10時頃、住宅の周辺2〜3周歩いたり走ったりをなるべく毎日続けるように頑張った。

　体力が少しずつ戻っていき、2学期からは自覚と目的をもって学校へ行くようになった。

はな、たろの２人が特に手がかかり、この２人の対応で私自身が
精一杯になってしまい、じろのことが気になっていながらもなかな
か余裕がもてないことが多かった。じろは感情を激しく出してくる
はなとたろに比べると地雷の数も少なく、爆発することが起きても
１人で治め、家では自分から欲求したり発信したりすることがあま
りないので、どうしても関わりをもつ時間が少なくなっていた。
　「何かしてあげられないかな、何がいいかな」
　じろと母、お互いに言葉のやりとりや聞き取りでのコミュニケー
ションが苦手という共通点があり、うまく伝わらない、聞き取れな
いで２人でイライラしてしまうこともあって、何か違う方法でじろ
の気持ちを解いてあげれないかな、と考えた。
　そんな時、家にあった本の中にタッピングタッチが載っているの
を発見。
　「これ、やってみよう！」
　早速、ゲーム中のじろの背中にタッピングタッチ！
　これが予想以上に気に入ったようで、じろから
　「タッピングして！」
　とお願いをしてくるようになった。
　それからは自分でも
座禅を覚えたりし
て、気持ちをリ
ラックスさせる
ようになった。

　夜、歩くようになってから、寝る前にも腹筋や腕立て伏せをするようになったじろ。

　「学期ごとに2つ目標を決めよう！」

　と話し合って決めた時も、自分の健康管理や学校からもらってきたプリントをやることなど、今自分にできそうなことを目標にして、継続できるように頑張っていた。

　1年1年、自分でハードルを上げながら中学生活を送っていた。

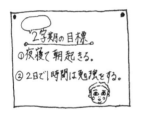

　夏休み、滋賀県に住んでいるひいおばあちゃん家に行き、ショッピングセンターでお買い物。これまで服には全く興味がなく、いつも決まった服を好んで着ていたじろ。私とはなちゃんで、

　「じろをイメチェンさせよう！」

　となぜかなり、試着することに拒絶の嵐だったじろがこの時は不思議とすんなりオッケー。

　この夏、じろにとって大きな変化となる時期が来て、これまでの
自分から抜け出そう！　今やるべきことに向かって動こう！　とい
う心の変化が起き、それとともに見た目の意識への変化も出始め、
服装や髪型を整えることにも気を配るようになった。

たろ：小2
　一時期、たろは言葉に興味のアンテナが張り、
「これ何ていう意味？」
の質問の連続だった。
　間違ったこと、適当に答えてはいけないと思い電子辞書が手放せ
ない時期があった。
　そんな時期が過ぎた頃、次は
「何て書いてるん？」
と読み方にアンテナが張り、ゲーム中に出てくる漢字や走る自動車

え！どれ？

あれ、何て書いてるん!!

に書いて
ある文字を読んでく
れとせがまれるも、いつも
急に聞いてくるので、どの車の
どの文字のことなのか、タイムリミット
は短いわで答えられずにいるとかんしゃくを起こし大暴れ。

外で起きてしまった時はそこから動かず、ひたすら怒り続けるので、ホトホト大変だった。

小学生になってからのたろの遠足は、いつも母も付き添いで参加。同級生の友達とは一緒に行動するのを嫌がるので、行き帰りや現地でも別行動。

そんな中でも、特に思い出深く残っているのが、小学２年生の春の遠足。

ちょうどこの時期、前年度の１年生の３学期からほとんど外に出

うんめ〜

られず、家でも襖の中で過ごしていた真っ最中での遠足だったこと
もあり、家から出るのも一苦労……。

　やっと電車に乗れた時にはもうお昼。

　遠足場所に着いた頃には雨が降ってきてしまい、ふと少し遠くの
先を見ると、見慣れた黄色い帽子の小学生の列が、公園の出口から
出て帰っていくのが見えた。

　雨足も段々と強くなってきたが、外へ出られたのも久々。せっか
く来れたんだし、誰もいなくてたろにはちょうど良いと思い、広い
公園を雨に濡れながら、いろいろな遊具で体をたくさん動かして遊
び回った。

　そして公園のベンチで傘をさしながらのお弁当タイム。久々に見
ることができた、たろの遊び回る元気な姿。

　2人で食べたお弁当が本当に美味しかったこと……。私の子育て
の歴史に思い出深く残る、そんな1日を過ごした母とたろ、2人の
春の遠足エピソード。

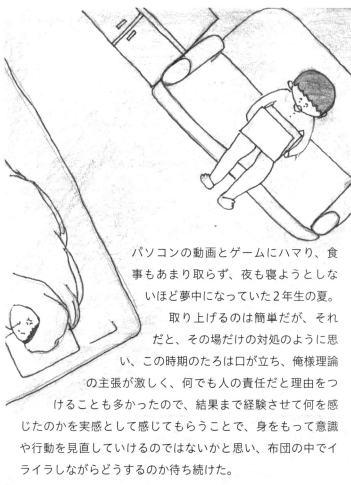

パソコンの動画とゲームにハマり、食事もあまり取らず、夜も寝ようとしないほど夢中になっていた2年生の夏。

取り上げるのは簡単だが、それだと、その場だけの対処のように思い、この時期のたろは口が立ち、俺様理論の主張が激しく、何でも人の責任だと理由をつけることも多かったので、結果まで経験させて何を感じたのかを実感として感じてもらうことで、身をもって意識や行動を見直していけるのではないかと思い、布団の中でイライラしながらどうするのか待ち続けた。

何度かこういう状況が続き、日中は寝不足でフラフラのたろと母。

「もうあんなことはせんっ!!」の言葉が、出た……。

先生からのてがみ 1

　たろさんが1、2年生の頃は将棋をしたり、支援学級でブロックを使いお城を作ったり、ボール投げをしたりと色々なことをして過ごしたことを思い出します。

　たろさんは運動神経も優れ力持ちでした。また、手先も器用で色々な発想力も豊かで、とても力を持っているお子さんだと思っていました。これから何十年と続くたろさんの人生の節目に、様々な選択肢があると思います。

　こうあらねばならないと考えるとしんどくなります。たろさんには、これから様々な世界へ視野を広げ、経験を重ねていってほしいと思っています。そうすれば長いトンネルもいつかは出口の光が見えてくるでしょう。途中で寄り道をするかもしれませんが、それはそれでいいのではないでしょうか。いつかは自分の進むべき道を見つけることができると思います。

（小学校でお世話になった校長先生より）

先生からのてがみ 2

　はなちゃんとの出会いは、転動してすぐ6年生で担任したときです。まっすぐこちらを見て授業を受け、漢字練習もていねいに取り組んでいるのですが、点数に結びつかないのが気がかりでした。そのうち、一度欠席すると数日休むことが増え、夏休み、宿題を一緒にしようと声をかけましたが、来られませんでした。きっといっぱいサインを出していた

んだと思います。2学期から学校に来なくなり、ある日、運動会の練習を見に来るだけでもどうかと、家庭訪問をしました。そのころのお母さんは、（たぶん私に気をつかって）しきりに学校に行くよう声をかけてくれましたが、うずくまるはなちゃんの姿を見て私は誘うのをやめました。そして、学校に戻り、練習をしている最中、ふと運動場の端に目をやると、お母さんと一緒にこちらを見ているはなちゃんがいたのです。とてもうれしかったのを覚えています。でも、つらい思いをさせてしまったのではないかと後々思うのでした。

　じろ君とたろ君とは、支援学級担任として出会いました。じろ君6年生、たろ君1年生でした。はなちゃんがこれまでの学校生活でつらい思いをしてきたということ、そしてじろ君の通常学級に行きづらい様子を知って、支援学級で過ごすじろ君には、心を軽くして過ごしてほしいと思いました。毎日、黒いフードをかぶって来ました。よく登校したね、という思いでした。1学期、一緒に過ごす友達と物や体を使って激しく遊んでいる様子を見て、これまでのしんどさをこういう形で解消しているのかなと感じていました。支援学級で一緒に給食を食べ、おしゃべりしました。ものづくりもしました。バケツに顔を突き合わせて綿あめを作ったことも私にとっては懐かしい思い出です。

　たろ君とは、入学してから2年間のお付き合い。初めは、私たち大人がたろ君の持ち物を触ると大声で嫌がり、必死で自分を守ろうとしているようでした。給食は、他の人のつばが入るというので、お母さんが段ボール箱で「つばガード」を作って持ってきてくれて、毎日使いました。2学期、毎日登校するようになり、仲よく遊ぶ友達もできました。私の好きな実験の授業では、しっかり予想し、意見を言ってくれました。実験をするときには、一番前にちょこんと座り参加しました。実験道具を「かして一」と言って、教室や廊下をあちこち回って電気を通すか調べてい

る姿が素敵でかわいかったてす。12月、給食のお盆を机に置き、いつものように「つばガード」をかぶせたたろ君。いきなり、その「つばガード」をはらいました。「めんどくせー」また一つ心が開いてきた瞬間。とても印象に残っています。

　このように3人と関わった私ですが、お母さんと関わることができたことも幸せでした。きっとつらくて苦しい日々が多かったにもかかわらず、いつも笑顔で前向きて、同じ年ごろの子どもを持つ私には輝いて見えました。

（小学校でお世話になったS先生より）

「お母さん、どっちを向いていくの？」
　私をずっと支え続けてくれたS先生からの言葉です。
　娘が行きしぶりをしていた時期、もうすぐ運動会や修学旅行を控えていたことや、卒業に向かっている残り少ない小学校生活のわずかな時間でも登校してほしいと思っていた私は、娘のしんどさを感じていながらも、登校できる条件を娘に与えながら学校へ向かわせるような対応をしていました。

　不登校の状態になってからは、こんな状況に対しての近所の目や同級生のママたちから、どう思われるか気になっていた私の思いが言動に出ていたのか、当時娘のクラス担任をしていたS先生から電話越しに聞いたこの一言が私の心の中に強く響き、その瞬間、我に帰ったような、本当にその通りだと納得したのを今でもよく覚えています。

　この「どっちを向いていくの？」の言葉は私にとってこれから先に待ち受けるわが子たちとの試練のような道のりを生きていくために、ずっと支え続けてきてもらう大切な言葉となりました。

わが子と同じ年齢の子どもたちが、楽しそうに友達と遊んでいる姿や、学校へ行く姿を見かけたり、職場の中で子どもの恋愛や学校の行事、塾、進路の話をしている輪の中にいても話せることがなく、心の嵐が毎日のように吹き荒れ、苦しみの中を生きている長女はなの状態や、3人のわが子が不登校、ひきこもりといった私たち家族が置かれている今の状況とを比較してしまい、つらくて悲しい気持ちになった時は、S先生のこの言葉をいつも思い出し、

「私は子どもたちの方を向いて生きていく！」

　と、自分の気持ちを何度も何度も立て直して生きてきました。

　S先生は長女はなが卒業してからも、支援学級の先生として長男じろ、次男たろがお世話になることになり、この教室で親子共々一緒に過ごす時間も多かったので、子どもだけでなく私の居場所としても大切な場所となり、先生との思い出もたくさんつくることができました。

　お世話になった小学校では、できる限り枠を外しての対応を考えてくれたことや、母親の私も一緒に学校の日常に呼び込んでくれるかのように、子どもとともに受け入れてくれたことで、その時その時期のわが子の姿や思いに触れることができ、ここで過ごした時間は今でも私の宝物です。

　そして小学校入学式から拒否拒絶だった次男たろは、学年が上がるにつれて支援学級へ登校することも少なくなってしまい、高学年の頃は生徒がいない放課後の時間帯に学校へ登校していましたが、学校にいるわずかな時間の中でも、いろいろな先生と遊び、会話をし、応援してもらい、励ましてもらい、支えてもらいました。

「学校はつらい所やったけど、先生にはほんま世話になった」

　という言葉とともに、次男たろは小学校を卒業させていただくことができました。

家族のつながり──医師からのてがみ

　初めて出会った母、はなちゃん、じろ、たろは、みんながバラバラで母の表情は、怖かった。

　そんな出会いから何年が経つだろうか？

　はなちゃんの歯車が最初に崩れた。それをなんとかしようとして母が、必死に動き回っていた。しかし、動けば動くだけ、じろやたろの歯車も狂いだした。3人がバラバラに自分の思いを通そうとしてそれぞれが引きこもって好きなことをする生活が続いた。

　しかし、そんな生活の中、母だけは一人一人を見守り続けた。母たるが故に出来ることなのだ。3人の子どもたちが、それぞれに全く違った特性をもち、社会の中で生きることがしんどいと思い続けていた。その一人一人の歯車がどの方向を向いているのか、なかなかつかめなかった母だが、いつ、どんな時も口出し、手出しするのではなく、観察し、見守っていた。

　その母の優しさと忍耐に私は、感動しながら共感、応援した。

　しばらくすると母は、子どもたち、一人一人の思いや方向性、ベクトルを感じ一緒に歩き始めていた。すると、子どもたちも各々の外向きのベクトルをまず、内向き、つまり、家族に向け始めた。家族のつながりの大切さを知ったのだろう。そこからは、子どもたちが、お互いにつながり、母とのつながりを求めていた。

　もつれていた糸が解け始めた。すると母、はなちゃん、たろ、じろのつながりは、一本になった。

　こんな中でも思春期を迎えた子どもたちにもうごめく思いやぶつけたい感情が常に家庭内でも漂っていた。

はなちゃんが歩き始めるとたろもじろも少しずつ歩き始めた。

　母だけは、どっしりと後ろから３人を見守り、応援し続けていた。どんな時にも家族のつながりが強固になっていく４人は、歯車が崩れてもまた、新しい歯車を見つけていくだろうと信じている。

　　　　　　　　　　　　（お世話になっているクリニックの先生より）

　　長女はなが不登校になり、そこから次第に心の状態が悪くなっていくのをみて命の危機を感じ、こちらの精神科クリニックを受診したのが2011年。

　そこから子どもたち３人がお世話になることになり、現在も定期的な通院を続けています。

　これまでそれぞれの子どもたちのいろいろな時期や心身の状態がありましたが、クリニックの先生はポイントとなる部分についての対処を教えてくださり、大切なところはいつもしっかりと心を寄せて話しを聴いてくださり、そして何よりも私自身が診察室を開けてそこにいる先生の姿を見てホッとする安心感を感じていたことが、私の癒しや原動力になっていました。

　クリニックの先生、本当にお世話になりありがとうございます。

はなちゃん：高2

　クリニック主催の家族会に参加するようになってから、わが子だけでない、様々な年齢の人やその状況を知った。親や家族が抱える思いなどを聞いたり、私自身の思いも語ったり、なかなか人には理解されにくい思いや、わが子への理解の向け方など、お互いに共感し合うことで、自分自身を見つめ直したり、元気をもらったりして、また日々のわが子との関わりの中に活かしていく……。

　ここでしか共有することができない思いがあり、状況があり、ここでなら自分の抱えているものを、心を開いて話すことができる。

　家族会との出会いは私にとって、消耗したエネルギーを補給する、そんな場所となった。

　何度か一緒に参加したことがあるはなちゃん。

「私と同じことを感じる人がおるんやな」

「あの人の気持ち、わかる……」

　と、はなちゃん自身もここで得たもの、感じたものを自分自身に返していくことで、今自分が抱えて課題や心の問題を具体的に捉えていくようになり、自分自身との向き合い方が変わってきたように思う。

　通信制単位制高校へ入学したはなちゃん。

　1年目の前期単位認定試験の初日の日、学校の前までは登校したが、突然フラッシュバックが襲い、慌てて逃げ去るように引き返して家に戻り、その年はそれ以降、登校することができなかった。

　2年目の4月、何とか気持ちを立て直して登校しようと、前日に学校へ行く準備をしておくものの、この年は一度も登校することはできなかった。

　小学6年生の不登校から、学校に行かないといけないのに行けない自分や、これまでのつらい出来事に、心の中で強い葛藤と行き詰まり感で苦しんできたはなちゃん。高校はすべてリセットするつもりでチャレンジし、自分の限界まで頑張ったものの、こういう結果に、

「やっぱり私は学校はダメなんや」

　と、自分の状況を納得して終わらせることができた。

　この辺りからはなちゃんの様子に少しずつ変化が出てきて

「今を楽しまないと損やわ！　自分で着付けた浴衣を着てお祭りに行く！」

　と浴衣の着付け方を動画で学びながら練習し始めた。

あれ…?
ズレる…

　この数年、こんなに前向きに自分のために楽しいことをしようとするはなちゃんの姿を見たことがなかった。変化の夏だった。

　2年間在籍した高校にピリオドを打つことを決め、これまで「学校に行くか、死ぬか」の2択しか選択肢がなかったはなちゃんに「働いてみたい」という思いが出始めた。

　若者サポートセンターやハローワーク、社会福祉協議会などを回り、就労の相談やいくつかの作業所を見学した後、作業所から始めることに決めたはなちゃん。作業所を利用するためのアセスメントを作成してもらうために自立センターで3日間の実習を受けることになった。

　たった3日間、1日3時間の実習ではあったが、まだまだ心が不安定で、人がたくさんいる中で過ごすことに強いストレスを感じることや、人と関わることや会話をすることに強い緊張を感じることなどを考えると、はなちゃんの調子がどうなるのか、刺激に対しての反動が強く出ないかが心配になった。

　少しずつ心の嵐の波が小さくなり、はなちゃん自身が将来に向け

て動き出そうとしてるとは言え、まだまだ心の振り幅も大きく、些細なことが刺激になる状態の中、今回のこの実習というチャレンジが、はなちゃんの心身にどう影響するのか……。

　これまでも、今の目の前の子どもたちの姿に寄り添い、私も伴走者として一緒に経験をしていく中で、子どもへの理解の向け方や私のあり方など、その時その時で答えを出してきたが、今回の実習は私にとっても大きなチャレンジであり、それはそれは大きな精神的エネルギーと覚悟が必要だった。

　実習1日目。

　「作業が楽しかった」と気持ちも落ち着いて終わることができた。

　実習2日目。

　帰り道、作業中での納得できないことへの不満から葛藤が起きてしまった。

　そして実習最終日の3日目の朝。納得いかないことで起きた葛藤が消化し切れず、朝から「行きたくない」と言い出した。

　はなちゃんの心が深い闇の所にまで落ちたのを感じ、この状態に陥ると気持ちが切り替えられず固執し、数日は闇の中にい続ける状態が続くことも見てきたので、

　「無理させれない、今日はもう行けないな」

　時間ギリギリまで待ってみたが、部屋から出てきそうな感じもしなかったので、欠席の連絡を入れようとした時、はなちゃんがいきなりバタバタと行く準備をし始めた。そしてほとんどやけくそのような感じで自立センターに向かった。

　電車を降り、自立センターまでの25分の道のりを歩いている間、

　「生きろと無理やり産んでこさせられた。生まれたくなかった。帰ったらどうなってるかわからんから」と言い続けた。

43
謎が解かれたその日から

この発する言葉の奥にある強い苦痛や葛藤。

　それらを抑えつけて自立センターへ向かったことを考えると、この後の反動がとても強くて大きなものになることを確信し、私は魂の底から震えるような不安と恐怖を感じた。

　そして実習が終わる時間になり、自立センターの前で母の迎えを待っていたはなちゃん。その表情は闇が抜けたいつものはなちゃんが立っていた。

　「まぁ、良かったわ。職員さんからたくさん元気になる言葉もかけてもらってうれしかった」

　その言葉と少し明るいはなちゃんの表情を見て、不安と恐怖に耐えていた心が一気にゆるみ、頑張れたはなちゃんのすごさ、職員さんへの感謝、3日目の実習が無事に終わった安堵感などいろいろな思いが込み上げてしまい、道端で大泣きしてしまった母。

　「ああ、今までとは違う。すごい……はなちゃんが大丈夫だった……」

　これまで何度も壊れるはなちゃんの姿を見てきた私にとって、少したくましくなったこの姿、いつもと違う展開やこの変化は、本当に驚きと感動だった。

　少しずつ、生きていくための土台、基盤ができ始めていた17歳の春だった。

じろ：中2

　中学2年の1月、支援教室に在籍している子どもたちが各学校から集まり、卓球の試合をする大きな行事に参加することを決めた長男じろ。

　歯車が狂ってしまってから、心の調子もアップダウンしやすく、

家では布団の中に潜り込んで過ごす時間が多くなり、人混みや人が集まるざわざわした音に対してのストレスも強くなってしまったので、この大きな行事への参加を決めたことに驚いた。

　ここ数年、自分の顔を見られたくない！と外に出る時はマスクが必須アイテムだったが、

「今日はマスクを外して試合に出る！」

「俺の勇姿を観に来てな！」

と胸を張って大会に出場した。

　試合結果は１勝３敗だったが、この大会での参加に

「俺って本当に出たんやなー、スゲー」

と自分のチャレンジに感激していたじろだった。

たろ：小3

　歯車が狂ってからのたろは、神経が過敏になり、味覚、嗅覚、音、菌、虫、着る物など拒絶するものが増え、日常生活にもかなりの影響が出た。

　ある日買い物へ出かけた時、散歩がてらに広い公園の中を通って行った時のこと。

　たろの移動手段は、大体いつもキックボード。

　この時も公園までは気分良くキックボードを走らせていたが、公園の中は上にも下にも虫、虫、虫のオンパレード。

　その虫たちの存在に体がフリーズしてしまい、母に飛びついてしがみつき、離れなくなってしまった。

　わめくたろを引きずるようにして歩き、お店にたどり着いた時にはヘトヘトに……。

　それからも虫がよく出る場所を歩く時は、慎重に警戒しながら恐

る恐る歩いたり、どうして
もダメな時は家に引き返したり
していたが、ある日、
　「わし、乗り越えたい壁を書くノート
が欲しい！」
と言い出した。
　そして用意したノートに大きく「虫」と書いた。
　それからは少しずつではあるが、虫恐怖の
ピークは去り、虫が出そうな所を歩く時は、
　「虫さん来ないでね」
とかわいいことを言ったり、平常心を保
とうと呼吸を整えて歩いたりするように
なった。

　虫が怖くて歩けなかった時も、久々の外出ですぐに足がくたびれ
て歩けなくなった時も、兄のじろの背中に飛び乗り、おぶっても
らっていたたろ。

47
謎が解かれたその日から

　きっとじろの背中で甘えさせてもらいながら、心の中で起きている激しい葛藤の時期を乗り越えてきたのだろうな、と思えるほど、じろの存在はたろにとってはなくてはならない存在だった。

　深く広い心で、たろの欲求やかんしゃくを受け入れ、いつも心のこもった対応をしてくれていたじろ。一時期じろに対して敵対心や恨みの感情から、ひどく反発していたたろも、今ではじろに対して感謝の言葉を口にするようになった。

2016

はなちゃん：18歳

　作業所を利用するための役所での手続きが無事終わり、自宅から徒歩5分の場所にある作業所へ、正式に通所できることになった。

　初めは週に1度、1時間～2時間を過ごすのが精一杯だったが、はなちゃんが家ではない場所、家族じゃない人と過ごしている、ということが、ものすごく奇跡のように感じた。

　作業所に通い始めてから、

「職員の人に自分から話しかけられず困った」

　という自分の課題を自覚し、悩んだりすることもあったが、こうした課題も前向きに捉え、少しずつ話せるように目標を置いてチャレンジしていくようになった。

数年続いたはなちゃんの心の嵐が落ち着き、外へ出ることに大きなエネルギーが必要でなくなった頃、はなちゃんの○○してみたいの思いが、日常生活の小さなことから少しずつ行動に移せるようになり、また外の世界へ出始めたはなちゃん。

　外の世界は人や環境、状況などコントロールできないものや刺激になるものも多く、心身も乱れやすい。

　「自分の中に戻れる何かがあるといいな。そしてはなちゃんの感性を表現できるものがあったらいいな」

　小学1年生の時、1年間だけ習っていたエレクトーン。集団レッスンだったので、どうしてもみんなより飲み込みが遅いのが目立ち、先生から指摘されてしまうことが多くなり、「行きたくない！」と泣きわめいて拒絶するようになり退会。でも音楽は大好きで、家に引きこもっていた時期も、心がどん底だった時も歌はよく聴いていた。

「はなちゃん、またエレクトーンやってみる？」

個人レッスンがあることをはなちゃんに伝え、体験レッスンに誘ってみた。

そして体験後、その場で入会を決めたはなちゃん。習い始めた頃は、この数年間学ぶことから離れていたこともあり、頭を使うことをしていなかったので、

「覚えられへーん！」

「すぐ忘れるー！」

となげくこともあったが、少しずつ曲が弾けるようになってくると、

「エレクトーンとはうまく向き合える」

と言うようになり、自分の中で音がピタリとはまった時に感じる楽しさを覚えるようになった。

「はなの恩返しが始まるで!!」

そう言って母やおばあちゃんをランチに誘ってご馳走してくれたり、クリスマスには家族に宅配ピザを振る舞おうと、苦手な電話を頑張ってくれたりするようになったはなちゃん。

「家族と過ごす時間を大切に感じてる。そこにお金を使いたい」

と作業所で得た工賃で、はなちゃんの感謝の気持ちがこめられたおもてなしをしてくれるようになった。

中学2年生の3学期に入った頃から、

「高校には行きたいからもっと学力を上げたい」

と支援教室での授業も意欲をもって取り組み始めたじろ。小学4年生から教室に行かなくなって以降、学校でのテストは受けてこなかったが、高校への進学を意識するようになってから、ちゃんとテストも受けていこうという意思が出てきた。

中学で受ける初めてのテストの日は、学校の校門前まで見送り、テストが終わる3時限目まで学校の周辺を散歩し、

「そろそろかな〜」

と学校の運動場側からじろが出てくるのを待った。

「じろが1時限目から登校するなんてすごいな〜。よく早起きできたな〜」

そんなことを感じていると、こうして一つ一つのその時期の子どもたちの姿を見られることや、その時間が私に与えらていることがとてもありがたく感じた。

子どもたちの歯車が狂うまで、子どもたちが抱えているものなど知らず、それぞれが抱える生きづらさをずっと一人で戦わせてきたことが本当に申し訳なくて、これから先はできる限

り私が伴走者となって、子どもたちとともに生きていこう……。

　そう決意してから、子どもたちとの関係や理解の向け方など、いちからやり直すつもりで日々を過ごしてきたが、こうして振り返ってみると、私の方が子どもたちからいろいろなものを与えてもらい、満たしてもらっていることがたくさんあることに気がついた。

　これまでの子育てからは感じることがなかった思いや気づきを、日常生活の中でたくさん感じることができるようになってから、たとえ肉体的、精神的に消耗する日々が続いても、なぜか心は満たされていて、穏やかな温かい気持ちで過ごせていることに気がついた。

　高校入試と卒業式を控えた中学３年生の３学期。

　高校入試、面接への大きな不安で調子が急降下となり、登校もできず、家で布団の中にこもり続ける状態の日々が続いたじろ。

　その様子を見ている母までも、気持ちが急降下……。

　「入試に向けて提出しないといけない書類は間に合うのか、願書は出しに行けるのだろうか」

　そんな私の不安を支援の先生が感じ取り、

　「お母さん、甘い物でも食べながらゆっくりお話しでもしませんか？　放課後の支援教室で待っています」

　とお誘いの電話をもらった。

　思い返せばこの３年間、じろのサポートだけでなく、母親の私までも一緒に支えてもらい、常に不安定なじろの中学生活だったのに、いつも温かな気持ちで受け入れてくれた支援の先生。先生たちがいるこの場所が、どれほどこの時の私の安らぎとなり、心のより

所となる場所となっていたことか、改めて支援の先生たちの存在に
感謝の気持ちでいっぱいになった。

　この日、支援の先生が用意してくれた美味しいスイーツを頬張り
ながら、たくさんの話を聞いてもらった。

　静かに優しくうなずく先生のその温かな懐に、たっぷりと甘えさ
せてもらえたお陰で気持ちが落ち着き、じろと一緒に足並みをそろ
えて次のステージに進んでいくためのエネルギーがわいてきた。

　「じろが進化したー!!」

　ゲームや動画、アニメ三昧のじろが、黙々と勉強している姿に、
たろが驚いて発した言葉……。

　お互いの変化にはすぐに気づき合い、褒め言葉をかけたり、自分

もそれに刺激されてちょっと頑張ってみ
たり……。

　みんな、どん底から立ち上がってきた
からこそ、その姿や言葉に説得力があったり、胸に響いたりするん
だろうな。

たろ：小4

　昼からの登校だが、
　「登校日数を上げる！」
　と自分で目標を立てて登校するようになったたろ。校門から支援
学級までの道のりを、誰にも見られないようにカバンで顔を隠して
歩き、
　「生きてて何が悪い！」

郵便はがき

6 0 1 - 8 3 8 2

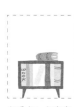

おそれいります
切手をお貼り
ください

京都市南区吉祥院
石原上川原町21

株式会社
クリエイツかもがわ
　　　　　　　行

〒 □□□ - □□□□

TEL	E-mail※	
（フリガナ） 氏　名		年齢 　　歳代
職　業		
メルマガ購読　□ する　□ しない	※E-mailを ご記入ください	

● ご記入いただいた個人情報は、小社が書籍情報・関連イベントの案内を送付するために
使用し、責任をもって管理します。

CREATES
KAMOGAWA

愛読者カード

ご購読ありがとうございました。今後の出版企画の参考にさせていただきますので、お手数ですが、ご記入のうえ、ご投函くださいますようお願い申しあげます。

本のタイトル	本の入手先

この本を、どこでお知りになりましたか。

☐ 新聞・雑誌広告（掲載紙誌　　　　　　　　　　　　　）
☐ 書店で見て
☐ 人にすすめられて
☐ その他（　　　　　　　　　　　　　　　　　　　　　）

ご感想・取り上げてほしいテーマなどご自由にお書きください。

追加書籍注文書

		冊数	
書名		冊数	
		冊数	

●表面の 氏名、住所、電話番号を明記 して、ご注文ください。振込用紙同封にて本を送付いたします。代金は、本の到着後、お近くのゆうちょ銀行からお支払いください。
※愛読者カードからのご注文は送料（240円）無料でお送りします。
http://www.creates-k.co.jp/　HPの書籍案内・注文フォームもご利用ください。

　と一言つぶやく……。

　今の自分の状況をわかっているだけに、昼から登校している自分が、価値のない人間に思えるのか、それでも頑張って学校へ行っている自分を励ましているのか、この一言に込められているたろの思いは深いな〜……。

　小学校生活に入ってから、たろが強くこだわっていた菌問題に変化が出てきた。

　「そこはわしが努力する‼」

　とたろが私の意見を聞き入れるようになり、お互いの妥協点を出し合い、話し合いながら折り合いをつけてくれるようになったのだ。

　この数年のたろの強いこだわりに対してはできる限り付き合い、

こだわりに対してのエネルギーがなるべく小さいエネルギーで済むように、それに代わる物やカバーできるアイテムがないかなどを考え、家の中の環境整備を工夫したり対策を取りながら、何とか凌ぐように過ごしてきたが、この言葉を発してからのたろは自己解決をしていくようになった。

「ほら大丈夫」

「死にはせん！」

と自分に言い聞かせながら、少しずつこだわってきたものに対しての考えをゆるめていくようになった。

小学校の入学式から教室に入れず、学校では支援教室で工作をしたり、校長先生と将棋や教頭先生と卓球をしたりして過ごしてきたたろが、小学3年生の2学期頃、

「卓球習いたい！」

と言い出した。

それからは家でも卓球の試合や技の解説動画を見て、

熱心に研究するようになった。

「習いたい、でもコーチに怒られるの怖いし、下手やと思われるのもイヤ。子どももキライ」

ここ数年「子どもキライ」と言って、子どもを避ける生活をしていた時期もあり、子どもたちがたくさん集まっている卓球スクールへ見学に行くことも、今のたろにとっては、それはそれはかなりの高いハードルだった。

3学期の2月、「じろも一緒なら行ける」とじろも一緒に初めて卓球スクールがある体育館まで行くことができたが、この日は離れ

た所から見るだけで精一杯だった。

　でも、この見学以降のたろの努力と成長は素晴らしいものがあった。

　日常生活の中での今の自分の姿や課題と向き合い、これまで興味がないことや、面倒なことは自分でやろうとしなかったのだが、

・お風呂の時、自分で髪や体を洗う。
・うんちの後、自分でお尻を拭く。
・早寝早起きを心がける。
・自分で服の着替えをする。
・自分でご飯を食べる。

と、これまで時間と手がかかってきたところを、1人でこなしていくようになり、日常生活もスムーズに送れるようになった。

　そして、たろにとって1番大きな問題、「子どもキライ」。これも何とか克服しようと、自分から公園に行ってみたり子どもがいても逃げず避けずに歩いたりと、自らステップを踏んで実行していったのだ。

　4年生の7月、2度目の卓球スクールへ。

「今日は絶対参加するぞ!!」

　と手にはラケットをしっかり握っていたものの、体育館の壁の前に立ったまま、一歩も足を出すことができず、体がフリーズ状態。

「クソー！　くやしー！　1人で反省させてくれー!!」

　と叫びながらの帰り道となった。

　それから1か月後の8月、3度目の卓球スクール。

　2度目と同じく、ずっと体育館の壁の前に立ったままで動けなかったが、終了数十分前、コーチからの誘いに渋りながらも卓球台

　の前まで行くことができ、そしてそこで初めてコーチと卓球することができた（この時、技まで披露し、動画を見て覚えたことをコーチに話すと驚かれた）。

　そしてそこから5か月間、悩みに悩んだ4年生の1月末、

「卓球入るー！」

とお風呂から上がってくるなり叫んだろ。

　最初の見学から約1年、ついに決意の時が来たのだった。

（国立ともこ）

先生からのてがみ 3

　お母さんとの出会いは、娘のはなさんが中学3年生になった春でした。私はその時、支援学級の担任になったばかりでした。

　一人で登校できないはなさんは、他の生徒に出会うことのない時間にお母さんが送って来られました。帰りも約束の時間にお迎えに来られたので、学校での様子や会話の内容、小さながんばりをできるだけ詳しくお伝えすることを心がけました。

　そんな時、お母さんは本当に嬉しそうにがんばりを受け止め、はなさんをほめて下さるのです。小さな変化を受け止めるお母さんの姿勢は、はなさんの心の支えになったはずです。今までの学校生活で傷ついていたはなさんは支援学級にもなかなか足が向きませんでしたが、それでも登校できた時は、楽しそうにおしゃべりし、学習にも取り組めるようになりました。

　そして、卒業時には校長先生から直接、修了証書を受け取ることができたのです。

　はなさんの卒業後、じろ君が入学してきて、卒業するまでの3年間、我が子に寄り添うお母さんのスタイルは変わりませんでした。

　人前でマスクをはずすことができなかったじろ君は、卒業時には自らの手でマスクをはずすことができたのです。学びたい気持ちが強くひとつのことを理解すると、次から次へと探究心がわいてきて、自分の将来にも明るい気持ちが持てるようになりました。本人の努力はもちろんですが、お母さんの我が子を信じて、納得して動き出すのを待つ姿勢が、後押ししたことは間違いありません。我が子のありのままを受け入れ、忍耐強く待つことは頭ではわかっていても、なかなか実践できるもので

はありません。

　今回、お母さんとはなさん、じろ君の物語がイラストエッセイとして出版されることを知り、驚きと喜びの気持ちで胸がいっぱいになりました。

　思春期の難しい時代の子育てを振り返り、足跡をたどっていく作業はきっとお母さんのこれからの人生にプラスになることだと信じています。

　そして、お母さん、はなさん、じろ君の貴重な4年間にかかわれたことを本当に幸せに思います。

（中学校でお世話になったM先生より）

　長女はなと長男じろが中学校でお世話になったM先生は、私や子どもたちにとって「第二の母」と呼べるような、そんな存在の先生です。

　長女はなの中学生活は、3年生になり支援学級でM先生との出会いがあってから、少しずつ学校へ行けるようになりました。学校に、というよりも、M先生に会いに行くために学校へ向かうことができたのです。

　小学校時代、先生や同級生から体型のことや容姿のことを言われた言葉が深い傷つき体験となり、その時の言葉がフラッシュバックとなって、拒食や過食を繰り返し、自分が気持ち悪い、醜いと鏡で自分の姿が見れなくなってしまいました。そして、家族の会話の中でも、言葉に対して敏感に反応し、自分に向けられた不快な言葉に対しては何度も理由や説明を求め、その言葉に固執し続けて抜け出せない状態に陥っていました。

つらい経験や傷つく言葉が強く記憶に残ってしまうことで、人間への不信感も強く抱えていたのですが、M先生との出会いによってそんな心の状態に変化が起き始めたのです。

　M先生からにじみ出るゆとり感やゆるみ感はとても居心地が良く、何も求めてくることがない、無条件で受け入れてくれるその包容力には大きな安心感があり、会話の中でも心に響く言葉をいくつも感じた長女はなは、

　「こんなに受け皿の大きい人がいるんだ」と感動し、心が大きく動かされたのです。

　この当時長女はなが、自分の気持ちの変化を、

　「気持ちの波が来ると、この気持ちをどこに定めたらいいのかわからなかったけど、自分の心の中に帰ってこれる場所（M先生の存在）ができた。それだけで随分違う」

　と話しているのですが、この年あたりから自分自身で心のケアをする姿や、心の波自体も少しずつ小さくなっていき、波が来ても回復していくのが早くなってきているといった変化が見られるようになりました。

　そして長男じろは3年間の中学生活をM先生がいる支援学級で過ごし、調子が悪く登校できない日も多かったのですが、支援学級での行事には自発的に参加し、宿題や課題にも意欲をもって取り組み、3年生の時にはクラスの仲間の輪の中に入って、運動会まで参加することができました。

　長男じろは中学時代を振り返り、

　「M先生は距離感がすごく心地良かった。調子が良くない時も多かったけど、しんどいことを伝えられたのも大きくて、休んでいいよと言っ

てくれたから登校し続けれたし、自分のペースで進んでいけたから頑張ることができた。高校を目指す気持ちになったのも、中学で頑張れたから。おれの特性上、教室で授業を受けるってことがどれだけ自分にストレスでプレッシャーだったのかを身をもって知ることができた高校での経験も、今はチャレンジして良かったと思ってる」

と話しています。

不登校になった子どもたちにとって、学校という場所はそれぞれにしんどさを感じる場所ではあったのですが、子どもたちが「良い出会いだった」と語れる先生との出会いは、温かい思い出としてこれからもずっと心の中に残っていくだろうと思っています。

そして母親の私も、この嵐が吹き荒れた子育ての時期を乗り切ってこられたのは、こうした先生たちの存在に支えられてきたお陰であり、本当にありがたい出会いだったと心から感謝しています。

相談員さんからのてがみ

自立センターの相談支援専門員としてはなさんに初めてお会いしたのは 2016 年 3 月のことでした。「自分のペースで作業ができるところに行きたい。将来は就職して一人暮らしがしたい」という希望をもっておられました。

ワークスペースの利用を望んでおられたので、自立センターでアセスメントを行うことになりました。慣れない環境での作業やプログラム、体調のすぐれない季節でしたが、3 日間最後までやり遂げることができました。面談のなかでは不安な気持ちや将来への前向きな思いも話してくださいました。アセスメントで取り組んだ軽作業では、「指示に対して

の理解」「作業速度」「持続力」「正確性」の評価も高く、手先も器用でした。

　2017年、さらなるステップアップを目指して支援センターさんへ。はなさんのペースでプログラムに取り組み続け、2021年4月ついにトライアル雇用に挑戦されました。駅から遠い会社でしたが徒歩での通勤を続けることができました。9月に退職となりましたが、はなさんの前向きな姿勢は変わらず、すでに次の目標に向けてスタートされています。

　この5年半、はなさんが成長されていく姿を見せていただき、また相談支援専門員としてかかわらせていただいて、とてもうれしく思っています。はなさんが努力を重ねる姿をいつも見せてくださり、私の方が励まされました。勇気をいただきました。

（自立センターNさんより）

　　　　　　長女はなが自分のこれからに向けて動き始めた最初の頃から一人立ちしていくまでの、6年間のはなの歩みをともに見届けてくださった自立センターの職員さん。はなの今のそのままの姿や状況を、後方からそっと見守るように支え続けてくれました。

　慣れない人とのあいさつや会話などは声が出せず、自分のことを伝えるのが難しいはなでしたが、話し方や雰囲気がいつも穏やかで優しいこの職員さんとの定期的な面談でも抵抗を感じることがなく、話しやすかったとはなも話していました。

　ありがたいご縁に感謝の気持ちでいっぱいです。

就労支援機関に４年間在籍後、お勤めに出る。
現在は実家の近くで一人暮らし中。
夢「日本一周の旅に出る！」

　私が学校に行けなくなった時、自分でも何が起きてるか全然わからなくて、ただずっと苦しい感情でいっぱいだった。もう人間見たくなかった。

　自分でも知らないうちに足音もなく近づいてきて、一気に狂ってしまったって感じ。

　私の歯車が狂ってしまった原因やきっかけは学校だったけど、ただ私は小さい時からずっと自分が存在してること自体に違和感を感じていたから、きっと人生のどこかで歯車が狂うようなことになっていたんじゃないかなと思う。

　自分が何となく感じてきたことって、いずれ向き合わないといけない時が来るから。

　今だから思えることだけど、私のあの地獄のような時間は昆虫の脱皮のプロセスと似てる。

　昆虫の脱皮も命懸け。体の一部が取れてしまうこともあるし、途中で命を落とすこともある。

　私のあの苦しかった時間は、私のいろいろなものを奪っていったけど、あのまま自分を知らずに、脱皮せずに生きていくことはできなかったと思う。かと言ってもう苦しみがなくなったわけじゃない。

人から見て大したことがないこととか、どうしようもないことが私にとったらものすごい苦痛を感じるし、こんなにややこしいものをもって生きていくって自分でも疲れてくる時もあるけど、私はもう特性を含めた自分の人生を生きていこうっていう考えで生きてる。

　全部が私、どの自分も私だから。

　これからの私もどうなっていくかわからないけど、少し先を歩いている私の存在が弟たちの見本になったり、支えてあげられたらいいなって思ってるから、頑張れてるところも大きい。

　弟たちがそれぞれに心に抱えているものは、私も経験してきて知ってるから、私ができるところや手伝えるところはしてあげたいと思ってる。この家族はみんな戦友同士だから。

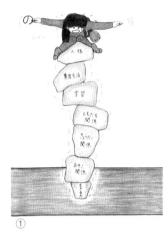

① あなたが生まれてから
これまで積み上げてきたものが

② 一気に崩れ落ち

③ あなたの歯車が大きく狂った
あの日から

④ あなたの生きる道は
闘いの日々となった

⑤ みんながいる場所へ早く戻りたいのに
とても強くて大きな何かが
あなたを襲い

⑥ あなたは何度も何度も壊れたり
時には自らを壊したりを
繰り返した

⑦ どうすればいいのかわからなくなり
身動きが取れない先も見えない
八方塞がりになって

⑧ 考えることも　何をする力も失い
身も心も完全に疲れ切ってしまう時も
あった

たくさんの重い重い苦しみを背負いな
がら　1日、1日、今日という日を生
き続けてきた

この苦しみが自分の中にあることを
知ったあなたは　闘うのをやめ
一つ一つ手放していった

すると自分の心から他の感情や望みを
感じるようになったあなたは
自分の姿で生きるようになった

この道のりで経験してきたことの
すべてが一本の線で結ばれ
あなたの生きる土台となったのだ

じろ 21歳

高校2年でリタイア後、現在は就労支援機関の見学に行ったり、高卒認定試験を受けるための勉強をしながら、食事作りや家事をこなして過ごしている。

夢「いつか一息つけたらいいかな。家族のことも、自分のことも。本当の自分で社会に入るってすごい恐怖があるけど、少しずつ今の自分で動けるところからやっていこうと思ってる。

　年齢的に焦る気持ちもあるけど……。

　この先も趣味で描いてる絵をずっと描き続けていけたら俺は幸せかな」

　不登校になるまでは学校がそこまで嫌だったわけじゃないけど、行かなくなってからは本当にいろいろとしんどいことが多かったな。

　教室に登校しなくなってから、先生や同級生の俺を見る目が変わって、居場所がなくなったのを感じた。あの当初は家族がどんどん壊れていくのを見て、俺も子どもやったからすごく不安だった。

　安心できる場所がなくて孤独感でいっぱいだった。俺は自分が抱えてる問題もあったけど、長男としてこの家族を守りたいと思って頑張ってきたから、みんな命があってここまで来れて本当に良かった。今は俺が家族に支えてもらってるなと思う。

①

あなたの個性（感性）はとってもオリジナル　このオリジナルの個性で孤独や葛藤も強く感じやすいけど

②

ありのままの自分を受け入れる器をつくると　自分の活かし方がわかるようになってきます

③

オリジナルの個性をもつあなたの人生は　人よりも多くの課題があるかもしれないけど

④

あなたの心のあり方で　目に映るもの心に感じるものは変わり　生きる姿も違ってくるからね

たろ 16歳

ノープランで中学を卒業後、人生迷走中。本人談。

夢「わしの人生の本はあるけど物語がない。物語を書くインク自体がない。このまま廃人のような人生を生きていくのか？　でも、わしは母に寿司をおごってあげたいから、働けるまでにはなりたいという思いがある」

　小学校に入ったばっかりの時、まったく知らん場所、知らん人ばっかりで、いきなり戦場に送り出されたような気持ちだった。

　菌問題の時の感情もよく覚えてる。

　他人に生活を侵されてるみたいに思えて、だから同じ状況じゃないとすごく嫌やったから、

「菌入れたくない！」ってなってたな。

　この世界はわしが生きにくいようにできてるけど、好きって思える家族がいてくれて幸せかなと思う。姉弟の中でも一番最悪な状態になってた姉ごが今、一番元気で行動してるのが何かすごいよな。

① ながーーーい　ながーーーい
もぐら生活

② 時々アクションを起こしてみるものの
長くは続かず　また　もぐら生活へと
戻っていく

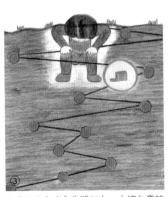

③ でもこのもぐら生活にも　大切な意味
があり　必要な経験をしているのです

④ あなたがこのもぐら生活を終えた時
たくさんの実りとなって活きていること
とに気がつくでしょう
　　　　　（めでたし　めでたし）

はは

　　それまで当たり前のように送っていた日常生活の歯車が、長女の不登校をきっかけにどんどん狂っていき、これまでの子育てや親子関係、夫婦関係や姉弟関係が次々に崩壊していった12年前。

　　これまでの子育ても、それなりに頑張ってきたのに、どうしてこんなことになってしまったのか、ショックと悲しさでいっぱいになり、何をしていても急に涙が止まらなくなり、当初は泣いてばかりでした。

　そして日に日に心と体の状態が悪くなっていく長女の姿を見ていると、こんな状態になるまでため込ませてきたことに対しての自分自身への強い不信感を感じ、私の振る舞いや言動が子どもたちにどんな影響を与えているのかが怖くなってしまい、私が存在していること自体が子どもたちに害を与えているのではないかとさえ感じていました。

　そうしている間にも、学校問題や家での子どもたちの対応など、待ったなしの状況がその瞬間にも起こり、もう自分の感情に浸っている場合じゃないと気づいたあたりから、私の中でこの現実に本気になる覚悟ができたように思います。

　私たち家族のこの物語は、2017年に書き上げたものですが、ここには書き切れない状況やエピソードは他にもたくさんあり、つらい経験や傷ついた言葉などが強く記憶に残る特性をもっていることで起きるトラウマやフラッシュバックなど、心にも強く影響を受けたことで、そこからあらゆる精神症状が強く出ている子どもたちとの日常生活は、家でも外でも制限されることが多く、心に嵐が吹いた時に起こす衝動的な行動や、闇に落ちている時に発する呪いのよう

な言葉は、それに対応している親にも、相当な精神的ダメージがあります。

　私もその闇に打ちのめされ、血の気が引いて寝込んでしまう時や、心が焼かれてもがき苦しむような思いも経験してきました。

　そんな状況に加え、3人の子どもたちがそろって引きこもる生活を送っていたので、それぞれの生活や育ちを守っていくために、家の中での工夫や配慮を考え、整えていく作業が日常的に必要でした。

謎が解かれたその日から

　今振り返ると、あの頃の私たちが生きていた時間は、それぞれが
もつ運命のような試練とともに、私たち家族４人での壮大な物語の
中を、みんなで生きてきたような、そんな感じがしています。
　そして現在のわが家は、まだまだ過渡期で模索している時間を生
きてはいますが、今はあの頃とは全く違うステージを生きています。

　子どもたちの年齢が上がるにつれて落ち着いてくるものもあれば、

より内面が複雑になり、親が立ち入れないと感じる場面も多くなってきましたが、そんな時は姉弟の中で支え合ったり、時間はかかりながらも自分自身で解決の道へと向かっていくようになり、随分と親の出番が少なくなった日常を過ごせるようになりました。そして、嵐が吹き荒れた当時の、あの頃の子どもたちが抱えていたつらかった出来事がフラッシュバックとなり、何度も苦しみや恐怖がよみがえり、恨みや憎しみの感情でいっぱいだったあの頃の記憶に折り合いがついたのか、特性を含めた自分への愛ある理解が深まり、戦うものから解放されたからなのか、今の子どもたちが話す言葉の中に、当時のものはありません。

　これから先の人生で起きることによっては、再び昔のつらい記憶がよみがえることもあるかもしれませんが、私の実感としては、過去での出来事や記憶が書き変わっていったのだと感じています。

　特に長女のはなちゃんは、あれだけの重いものを心に抱えていたのに、過去の自分に対して肯定的な理解と感情をもち、すべてを自分の経験として実らせているのを見ると、そのように感じるのです。

　不登校、ひきこもり、発達障害、精神疾患と、これらの言葉を並べると、どれもが良いイメージの言葉ではなく、どれもがとても問題のように感じます。確かにこういった状況を抱えていることへの親としてのあり方を問われる状況も多く、家族の人間関係なども難しくなってくることや、日常生活の中でもたくさんの制限を受けながら過ごさなくてはならない大変さはありますが、私はたとえ、どんな状況や状態を生きていても、人の尊厳に優劣はなく、どの人の存在も等しく変わらないと思っています。

　その子なりに、今を精一杯生きている姿があります。そこには良い悪いの解釈をつけることができない子どもにとっても、親にとっ

ても、それぞれに必要な時間やプロセスがお互いにあり、それらの
すべては後になってつながっていき、実りとなっていくものが多く
ありました。

　そして私は、子どもたちの闇が深い分、その反対にある唯一無二
の魅力や能力といった光の部分もそれぞれにちゃんともっているの
を感じています。

　闇が深い分、光も強いのです。

　勾玉のように、闇と光の両面を含めたすべてがあって、その子ら
しさが輝くのだと私は思っています。

この物語が語りかけてくれていること

1 しんどさを抱えている子どもの世界を知る
入口となる本として

　今、学校では、学習についていけなかったり、自分の思いがうまく言語化できなくてつらい思いをしていたり、友だちとの関係がつくれなかったり、周りのことが気になって心がしんどくなったりする子どもたちが多くなっています。また、学校に馴染めず登校しぶりや登校拒否になる子どもたちも少なくありません。こうした中で、わが子の子育てをどうしたらいいのかと悩んでいる保護者や、学校でどのような対応をしたらいいのかと困っている先生方が多くいます。

　この物語を執筆した国立さんは、いったんは「歯車が狂ってしまった状態」に悩み深く落ち込みますが、「今、子どもたちが生きること、生活することのすべてにフォローと寄り添いが必要であると痛感し、『今、この時、この瞬間を生きる』に気持ちを置いて、今の子どもたちと向き合おうと決意」します。そして、3人のわが子たちの行動や気持ちにしっかり向きあい、とことんつきあう中で子どもたちの気持ちやねがい、三人三様の素敵な世界に出会っていきます。さらに、いろんな人たちに支えられながら、家族4人で話しあい理解しあい信頼しあいながら、温かい家族関係を再構築していきます。

　1つの型にはまった子育てや教育ではなく、あるいは、「発達障害だからこんな対応をすると良い」といった対症療法的な方法ではなく、その子どものもつ個性や気持ち、世界観を理解して尊重した関わり方をすることが、やがては子どもが自らの力で歩み出し、自

分らしく幸せに生きていくことにつながると、国立さんは3人の子育てを通して示してくれています。

　発達障害をもつ個性的な3人のわが子たちの"子育て奮闘記"、その時どきの母としての思いやねがい、葛藤などを綴っているイラストと文章は、子育てや教育に悩んでいる多くの保護者や教職員、関係者の方々の子ども理解と関わり方のヒントになり、苦しんでいる当事者や保護者の励みになると思います。また、たくさんのイラストがリアリティーに富み、言葉や文章だけでは書ききれない世界観や心情を表現しており、保護者や子どもの内面を理解しやすいものとなっています。

　この本が、「しんどさを抱えている子どもの世界を知る入口となる本」になればと願っています。

2. この"物語"が語りかけてくれていること

　私が国立さんと出会ったのは、私が相談員をしていた大阪発達支援センターぽぽろ大東での教育相談の場でした。2013年10月のことです。この時、長女のはなさんは中学3年生、長男のじろさんは小学6年生、次男のたろさんは小学1年生になっており、この"物語"は既に始まっていました。

　2、3か月に1回の相談でお話をお聞きする中で、お母さんが3人のわが子たちが見せる様々な姿をありのまましっかりと受けとめ、一人ひとりの子どもの気持ちに寄り添っておられることにとても感心しました。相談の時には、ある程度、状況をまとめてお母さんの気持ちも整理してお話しされていますが、日々の生活は、親子ともども厳しく孤独な闘いと葛藤の連続であることは容易に想像で

きました。どのようなわが子の姿もまずは受けとめて、とことんつきあい寄り添う姿に、「子どもと向きあう」とはこういうことなのだと学ばせてもらうことがたくさんありました。そのお母さんの姿から、母親としての深い愛と「なんとしてもわが子を守る」という強い覚悟のようなものを感じました。お母さんは、「理論的なことはよくわからなかったが、とにかく子どもの状況をよく見て、子どもの言動をジャッジしないで、子どものことを中心にやってきた」と話されていましたが、子どものことを中心に考えてやってこられたことが良かったのだと思います。

　わが子たちの小さな変化や成長に喜び、時に涙しながらも、徐々にわが子たちへの理解が深まっていることを感じました。また、お母さん自身が大変な状況にありながらも、その時どきに生じる不安や葛藤を一つひとつ乗り越えて、わが子たちとともに生きることの喜びを日々噛みしめておられました。

　お母さんの広く温かい懐を借り、周りの人たちの支援も受けながら、この３人の姉弟たちが少しずつ自分の力で立ち上がり、新しい自分らしい世界を築いて前向きに歩み出す姿に、私自身は希望を感じました。

　登校拒否、ひきこもりの渦中にいても、子ども自身の中に生きるエネルギーが蓄積されていけば必ず立ち上がること、今までとは質的に違う新たな力を獲得し、ひと回り大きく豊かな人格を備えた人として成長していくことを思いました。しかし、その自分づくりへの過程は、決して右肩上がりではなく、"行きつ戻りつ"の長く険しく厳しい道のりであることも確かです。

　この本を出版するにあたって、お母さんと出版社の方と私の３人

で何度も打ち合わせの会を行いました。その時にお母さんから新た
に伺った話でさらに理解が深まったこともあります。そうした内容
も踏まえて、この物語が語りかけてくれていることをもう少し詳し
く見ていきましょう。

⑴ 子どものありのままの姿を受けとめ、子どもと向きあう

　お母さんは、どのような子どもの姿も受けとめていきます。

　2010年〜2011年頃、はなさんが学校に行けなくなり、自分の
欲求を受け入れてもらえないと拒否されたと思い、泣いたりかん
しゃくを起こすようになった頃、お母さんは、はなさんの要求する
ことでできることはすべて受け入れていきます。夜の10時半に漫
画を買いに夜道を自転車を走らせるお母さん。その行動の裏には、
「はなさんがこれほどまでに自分の欲求を出せずに我慢させてきた、
押さえつけてきたのだ、だから今はできる限りの欲求に応えていこ
う」という思いがありました。お母さんが直接、はなさんの欲求を
押さえつけてきたわけではありません。しかし、はなさんの状態の
良くないことを学校やはなさんの責任にして責めるのではなく、ま
た、お母さんの思いを一方的に押しつけるのでもなく、お母さんが
まずは自分ごととして捉えたのです。そうして、今できることはす
べてしてあげようと思い、はなさんの良くない姿も含めて、ありの
ままの姿を全部まるごと受けとめようと決意します。私は、そこに
母の"無償の愛"を感じ、「子どもを受けとめる」「子どもと向きあう」
とは、こういうことなのだと思いました。

　お母さんは、はなさんの衝動や自傷行為に対しても、相当な精神
力と心を保ち、大きな不安と恐怖を抱えながらも、わが子の命を守
るために、「どこまで許すのかの線引きを自分の中で決め、そこま

では何があっても気を強くもって受けとめ」てこられました。「そこまで苦しいのかというはなちゃんのつらさを理解するようにして、その時、その時を終わらせて」いけたのは、お母さんがはなさんと苦しい気持ちを共有しながらも、一方で冷静に対応されていたからだと思います。

　こうして、お母さんが、はなさんの行動と気持ちにとことんつきあってきたからこそ、はなさんは、お母さんに対して安心してすべてをさらけ出すことができ、甘えることができたのだと思います。2012年頃には、お母さんと一緒に人がいない夜の時間帯にいろいろな話をしながら外を歩くことができるようになり、お母さんは、はなさんの世界観が少しずつ見えてき始めます。はなさんは、お母さんに付き添ってもらい美容室に行ったり、赤ちゃんの頃に戻ったかのようなスキンシップを求めてきたりして甘えるようになります。

　そんな状態の中で、はなさんは、ある日の早朝、台所で家族のために栄養たっぷりの豪華な朝食を作ったのです。どうして、こんなことができたのでしょうか。それは、きっと、はなさんは、現象面では、エネルギーが底をつく状態になったり自暴自棄の姿になったりしながらも、お母さんに安心してすべてをさらけ出し甘えることができるようになるにつれて、少しずつ心が癒され始めていたのではないかと想像します。

　つらい経験をした子どもは、時としてその経験がフラッシュバックして、その時の情動を思い出して急激に落ち込んでしまいます。そして、そのどん底からなかなか這い上がれない状態になることがあります。

　しかし、はなさんは落ち込みながらも、どんな時にも自分のこと

を受けとめて包み込んでくれる、わかってくれているお母さんへの信頼感と安心感に救われ癒され支えられて、少し調子のいい時には、家族の食事を作れるぐらいにまで這い上がってくることができたのではないかと考えます。

② とことんやって納得できて、次のステージへ歩める子どもたち

　子どもたちは、様々なことを納得できるまでとことんやり続けます。そして、自分で納得して自分で答えを出して、次のステージにすすんでいます。その状態をお母さんは、ハラハラしながらも見守り尊重しています。

　例えば、次男のたろさんがパソコン動画とゲームにハマり、食事もあまり取らず、夜も寝ようとしないほど夢中になっていた小学校2年生の夏。取り上げるのは簡単だが、そうではなく、「結果まで経験させて何を感じたのかを実感として感じてもらうことで、身をもって意識や行動を見直していけるのではないかと思い」、お母さんは「布団の中でイライラしながらどうするのか待ち続けた」のです。そして、ついに、たろさんの口から「もうあんなことはせんっ!!」の言葉が出てきます。その時のお母さんの心境を想像すると、よくぞ、ここまで子どものことを信じて待てたと感心します。

　しかし、ここに至るまでに、お母さんとたろさんとの関係は築かれていってます。お母さんは、たろさんがいろいろなことに興味をもち質問の連続だった時にも、電子辞書を手放さずに答え続けています。小学生になってからの遠足は、同級生と同じ行き先をお母さんと2人で出かけて、途中から降ってきた雨の中を元気いっぱいに遊び回るたろさんの姿をうれしそうに眺め、2人で傘をさしてお弁当を食べたことを思い出深く振り返っています。

この物語が
語りかけてくれていること

入学早々の「菌」に対する敏感な反応にもていねいに対応していたり、工具やマッチなどへの興味にも「やってみて納得すると終わることもわかっていたので、必ず母の前でやることを約束し」、一緒に買いに行き活動しています。発達障害やその傾向をもつ子どもは、1つの活動を一緒にしたり見守ったりして、ともに気持ちや情動を共有する経験が大事だと言われていますが、そのことを直観的に理解し実行しているお母さんの姿があります。

　「納得」ということでは、長女はなさんが、高校はすべてをリセットするつもりでチャレンジし自分の限界まで頑張ったものの、登校することができなかった結果に、「やっぱり私は学校はダメなんや」と、自分の状況に納得して自分で決めて終わらせていきます。その後、はなさんに少しずつ変化が表れ始め、「今を楽しまないと損やわ！　自分で着付けた浴衣を着てお祭りに行く！」と言って、浴衣の着付け方を動画で学びながら練習し始めます。これまでの「学校に行くか、死ぬか」の2択だった心の状態から、「生活を楽しみたい」そして、「働いてみたい」という第3の選択肢を自分から提案してきます。とことんやって納得できた時、「学校」だけではない「楽しい生活」や「就労」という新たなステージに目を向けることができ、自分からすすんでいきます。

⑶　発達障害をもつがゆえの集団での生きづらさ
　次男たろさんのことでは、お母さんは、「たろがもつ独特な発想や感性に楽しませてもらえるところも多く、その個性に驚かされたり、感心することも多かった」と書かれているように、既に保育園時代のたろさんに素敵な力を見つけていました。しかし、保育園最

後の5歳児クラスになると、集団生活に馴染めないたろさんの姿が目立ってきます。

　発達障害などをもたない子どもの場合、5歳半から6歳頃になると、視点を外に移してものごとを捉える力がついてくるので、徐々に相手の立場に立って考えたり相手の気持ちを理解できたりするようになります。また、自分だけの世界、あるいは、仲良し数人の自分たちだけの世界から抜け出し、クラスのみんなで力を合わせて共同で1つのものをつくりあげる活動ができるようになります。しかし、発達障害をもつたろさんにとっては、そうした共同の活動や集団生活はつらいものであり、他の子どもたちとの差異を感じ取って、なおさら生きづらく感じていたのだと考えられます。卒園式や小学校の入学式は、そうした状況の延長線上にあったので大騒動になり、その後も学校は全力で逃げ回るつらくて嫌な所、「学校＝菌」になってしまったのだと思われます。

　長女はなさんにとっても、集団は自分自身が傷つくしんどい所でした。お母さんは、はなさんが登校拒否になってから、はなさんが心の中に抱える苦しみや葛藤を言語にして発した「呪いの言葉」を話すのを聞いて、その「呪いの言葉」を一つひとつ外していくと、「本来のはなが出てくる」ということを話されていました。集団の中では傷つきひずむので、いったん、集団・輪から外して自分を取り戻すことが大切だとも話されています。「呪いの言葉」を一つひとつ外していくのは、まるで玉ねぎの皮を1枚1枚剥いでいくようだとのことです。

　この「玉ねぎの皮を剥いでいくように」という話を聞いて、私も同じような経験を思い出しました。私が小学校の通常学級の教員を

していた時に、4月にクラス替えで新しく担任した子どもたちと話をしたり楽しい活動をたくさんしたりして、一緒に笑いあうようにしました。すると、だんだん、子どもたちの表情が柔らかくなり、子どもたちがこれまで纏っていたもつれが一つひとつほどけていくのを感じたのです。その子どもの面白さやかわいらしさ、優しさなど、本来のその子らしさが現れてくるのを感じました。

　子どもは子ども集団の中で発達していくわけですが、子ども集団は子どもの成長・発達にプラスに働く場合と、時として、マイナスに働く場合があると考えられます。発達障害をもつ子どもの中には、学校での子ども集団や学級集団は同じことをさせられる、同調圧力を感じる場所になってしまう場合があります。
　発達障害や特別な教育的ニーズをもつ子どもや、非常に感受性が強くて繊細な子どもにとっては、特別支援学級などの小さな集団で、優しくおおらかに受けとめてくれる先生との個別での関わりや、少人数の子どもたちとのゆるやかな生活や、興味がもてる楽しい学習など、多彩な取り組みと工夫が必要です。指導・支援する大人側の柔軟な発想と関わりが求められます。加えて、先生が自由度の高い教育実践が行えるための教育条件の改善や、教員増なども課題です。

⑷　まんざらでもない自分を感じるとき
　2015年、中学2年生の長男じろさんは、心の調子もアップダウンしやすく、家では布団の中に潜り込んで過ごす時間が多くなり、人が集まるざわざわした所が苦手になっていましたが、卓球大会に「今日はマスクを外して試合に出る！」と自分で決めたことが驚き

の出来事でした。しかも、試合結果は1勝3敗だったにもかかわらず、大会に参加できたことを「俺って本当に出たんやなー、スゲー」と自分のチャレンジに感激していました。この「俺って、すごいよな」という"まんざらでもない自分"を感じることができた経験が自信となり、少しずつ、その後のじろさんの成長にもつながっていったと思います。

⑤ どの瞬間も宝物のような時間の中を過ごしていると
感じることができるお母さん

　3人のわが子たちが、それぞれに大変な状態であるにもかかわらず、お母さんは「この数年間は大変なことも多くあったけれど、つらい状況ばかりにとらわれて、子どもの成長を感じ取れないなんて、そんなのもったいないこと」「私の貴重な子育ての時間を、『大変だった』だけで終わらせたくない。どんな状況でも子どもの成長の節目はちゃんとやってくるし、その喜びは条件などなしで感じたい。こうなってからの子育ての方が、一瞬一瞬の子どもたちの姿がとても貴重に感じ、そこで感じた一つ一つの実感が私の心の深い所に響き、どの瞬間も宝物のような時間の中を過ごしているのだということを感じるようになった」と書かれています。

　つらい状況にあっても、そのことだけにとらわれず、3人の子どもたちの素敵な姿や成長してきているところを客観的に、感性豊かに捉えることができるお母さんだからこその言葉です。また、わが子とともに生きながらも、"自分の人生を生きている"お母さんの素敵な姿が、そこにあると思うのです。

この物語が
語りかけてくれていること

⑥ 周りの人たちに支えられながら、
葛藤しながら、揺れながら歩む

　お母さんと3人の子どもたちは家族の力だけでなく、学校の先生方やクリニックの先生、自立センターや作業所の職員など、多くの人たちに支えられながら歩んできました。

　長男じろさんが高校入試と卒業式を控えた中学3年生の3学期、登校もできず家で布団の中にこもり続ける状態が続いていた頃に、お母さんは、学校で支援学級の先生が用意してくれたスイーツを頬張りながら、たくさんの話をします。この時だけでなく、じろさんの3年間のサポートとお母さんも支えてくれた存在である支援学級の先生の優しさと温かさを改めて噛みしめながら、じろさんと一緒に足並みそろえて次のステージに進んでいくエネルギーがわいてきたと書かれています。そして、そうしたことが、黙々と勉強する「じろが進化した」姿につながるのです。学校の先生方も様々な場面で支えてくださっていたことがうかがえます。

　クリニック主催の家族会への参加では、お母さんはわが子だけではないことを知り、はなさんは「私と同じことを感じる人がおるんやな」「あの人の気持ち、わかる」と思えるようになり、はなさんが自分自身との向き合い方を少しずつ変えていくきっかけにもなっています。

　17歳のはなさんが自立センターで3日間の実習をした時には、その職員の方々にも大きく支えてもらいました。この実習は、はなさん本人だけでなく、伴走者としてのお母さんにとっても大きなチャレンジでした。実習最終日の朝のはなさんは、前日の出来事が納得いかず葛藤の中にいました。その時の彼女は「生きろと無理や

り産んでこさせられた。生まれたくなかった。帰ったらどうなってるかわらんから」と言います。

　こういう言葉を耳にすると不安になりますが、実は、お母さんの話によると、これまでにも、はなさんは自分自身が望んで生まれてきたのではないという、心の底にある自分の思いや苦しい気持ちを、度々、「生まれてきたくなかった」「産んでこさせられた」といった言葉でお母さんにぶつけてきたそうです。はなさんはお母さんとの信頼関係の中で、苦しい気持ちを自分の中にため込まずにお母さんに吐き出すことができています。この日も、はなさんは、自分の気持ちを言葉にして自分の外の世界であるお母さんにぶつけることで、内なるエネルギーを奮い立たせて３日目の実習に向かったのかと想像します。そして、実習後には「まぁ、良かったわ。職員さんからたくさん元気になる言葉もかけてもらってうれしかった」と話しています。職員の方に支えられ、はなさんは立派に３日目の実習をやり遂げることができました。彼女の中に少しずつ蓄えられてきたエネルギーと職員の方の励ましの言葉が良い結果を生み出したのです。お母さんは今までとは質的に違うはなさんの姿を感じて大泣きになりながら、「基盤ができ始めていた17歳の春」を実感されています。

　最近、はなさんと当時のことを話されたお母さんの話によりますと、はなさんは、学校へ行くことにすっぱりとあきらめがついたわけではなく、高校１年の前期単位認定試験前には徹夜で勉強したけれども、翌朝は学校の門の手前で引き返してしまい試験が受けられなかったり、食事への影響も出てきたりしました。こうしてつらい経験をして苦しみ抜いた後に、ようやく、やるだけのことはやった

ので学校へ行くことへのあきらめがついたとのことです。闘うこと
をやめた、学校に行く・学校に行かなければ・学校に行きたいと
いったすべての感情を手放したことで、気持ちが楽になり、新たな
自然な芽生えが出てきたのだと話されています。

　はなさんは、高校に籍を置きながら自立センターでの実習をやり
遂げたことで、「学校に行くか、死ぬか」だった気持ちを徐々に手
放すことができ、その後、高校の退学手続きを行います。

　はなさんの「生まれてきたくなかった」といったお母さんへの
発言や苦しみ葛藤する姿の中に、はなさん自身は意識していなく
ても、"自分らしく生きる自分になりたい"という「発達の原動力」
となる力が潜んでいたのだと考えます。混乱期の苦しんでいる時期
において、お母さんをはじめとする周りの人に支えられながら、自
分と向き合い、「新たな芽生え」としての新たな生きるステージを
歩み出す変わり目・節目となったのが、この時期だったのだと考え
ます。

　その後、はなさんは、作業所に通い始めたり、〇〇してみたいと
いう思いが出てきて、エレクトーンを習ったり、お母さんやおばあ
さんをランチに誘ってご馳走したりするようになります。そして、
就労支援機関に４年間在籍後、お勤めに出るようになり、現在は実
家の近くで一人暮らしをするまでになっています。

⑺　姉弟３人の相互理解と助け合い、そして家族の再生へ

　じろさんがたろさんをおぶって入学式へ行ったり、たろさんが初
めて教室に入った時もじろさんが一緒に学校についていってあげた
り、たろさんが虫が怖くて歩けなかった時にもじろさんがおぶって

あげたりと、兄が弟のことを心配したり気遣ったりして行動する場面がたくさんあります。また、ゲームや動画、アニメ三昧のじろさんが黙々と勉強している姿を見て、たろさんが「じろが進化したー!!」と叫ぶ場面があります。お互いの変化に気がつき、褒め言葉をかけたり、刺激されて頑張ってみたりする姿があります。それぞれの子どもたちが、苦しみ葛藤しながら、どん底から這い上がってきた経験があるからこそ、お互いのことを理解しようとする姿があります。先を行くはなさんは、弟たちのことをよくわかりながら関わっています。

　また、お母さんと姉弟３人が、いろいろな場面で本音を出し合い、話し合っていく中で、バラバラのように見えていた家族が心を通い合わせてつながっていき、家族関係が良くなっていきました。何よりも、この良い家族関係が、子どもたちの歩みをすすめる上で大切な役割を果たしています。

　2022年、お母さんが、「姉弟の中で支え合ったり、時間はかかりながらも自分自身で解決の道へと向かっていくようになり、随分と親の出番が少なくなった日常を過ごせるようになりました」と書かれています。母と子どもの関係から姉弟同士のつながりもできてお互いに支え合い、また時間はかかっても自分自身で解決できるようになってきた時に親の力をさほど必要としなくなるという、自立に向かって歩んでいる様子を感じます。

⑻　過去の出来事は変わらないが捉え方は変わる
──肯定的な捉え方

　2022年、お母さんは「何度も苦しみや恐怖がよみがえり、恨みや憎しみの感情でいっぱいだったあの頃の記憶に折り合いがついた

この物語が
語りかけてくれていること

のか、特性を含めた自分への愛ある理解が深まり、戦うものから解放されたからなのか、今の子どもたちが話す言葉の中に、当時のものはありません」と書かれています。

　「特性を含めた自分への愛ある理解」ができているのはすごいことだと思いますし、そのような自分理解の仕方を獲得してこれたのが、この家族なのだと思います。

　また、「過去での出来事や記憶が書き変わっていった」ことと、長女はなさんが「過去の自分に対して肯定的な理解と感情をもち、すべてを自分の経験として実らせている」こととは関連しています。過去の出来事自体は変わらない事実だけれども、今の時点からそれを捉える捉え方が変わったのです。自分の過去を肯定的に捉えることができるようになったのです。それは、今の自分をありのままに受けとめることができるようになり、今の自分に自信がもてるようになったからこそ、過去の自分と折り合いがつけられるようになったのだと思います。そこにははなさんの成長した姿があり、様々な葛藤をしながらも困難を乗り越えてきた姿があります。「特性を含めた自分への愛ある理解」もこのこととつながっています。

　2022年、はなさんが「あの地獄のような時間は昆虫の脱皮のプロセスと似てる」「あのまま自分を知らずに、脱皮せずに生きていくことはできなかったと思う」「私はもう特性を含めた自分の人生を生きていこうっていう考えで生きてる。全部が私、どの自分も私だから」と書かれているように、過去の自分を肯定し、自分のことを丸ごと好きになれていると感じます。長くて苦しかったけれども、この過程があったからこそ、「私はもう特性を含めた自分の人生を生きていこう」という境地にたどり着けたのだと思います。

9 感性を豊かにする活動の必要性と
闇の時間を受けとめる大切さ

お母さんが話されていた印象深いことが2つあります。

その1つは、「感性を豊かにする活動が必要だ」ということです。長女のはなさんは、もともと優しくて感性の豊かな子どもでした。感性が豊かであることでの良い面がうまく発揮できずに、感性が豊かであることで、いろんなことを感じすぎて心がしんどくなることがあるのです。

今の学校は、ルールやマナーなど目に見える行動や数値化できる内容が重視されていますが、数値化できないところの子どもの感性を豊かにしたり、感性の素晴らしさを認め合えるような活動がもっと学校教育に取り入れられていくと良いと思います。

もう1つは、「闇の時期を受けとめてあげれば、光は勝手に放っていける」ということです。闇を抑えるのではなく、しっかりと受けとめ、その子どもの気持ちを満たしていくことで、光はその子どもが自ずから放つというお母さんの考えです。闇のように見える現象の中に、その子どもの光輝く個性や可能性が潜んでいるということでしょう。わが子のことを信じてありのままを受けとめてきたお母さんの含蓄のある言葉です。

10 学校はつらい所だけれども、先生は心の支えになっている

お母さんは、長女はなさんと長男じろさんがお世話になった中学校のM先生のことを「第二の母」と呼べるような、そんな存在の先生だと書いておられます。学校の先生の存在がお母さんの心の支えの一つだったことがうかがえます。

また、次男たろさんは「学校はつらい所やったけど、先生にはほ

んま世話になった」と言っています。その言葉にたろさんの成長した姿を感じますし、そのように見守り関わってくれた先生方もまた素晴らしいと思います。

　たろさんが1年生の時は通常学級在籍でしたが教室に入れない状態だったので、学校で話し合いをもち、管理職が教育委員会に支援の先生（曜日ごとに違ったそうですが）を要望して学校に配置され、その先生がたろさんに付き添い、1年間一緒に勉強したり遊んだりしてくれたとのことです。たろさんが小学校1年生の時といえば2013年ですので、特別支援教育の制度が始まっており、通常学級在籍のたろさんにも学校としての一定の合理的配慮は行われました。こうした動きの中で、たろさんは2年生で特別支援学級に入級します。学年が上がるにつれて特別支援学級への登校は少なくなってしまっても、学校の先生と遊んだり会話したり応援してもらったりしたことが、上述のたろさんの言葉につながるのだと思います。

　また、長女はなさんが学校に行けなくなっている時、近所の目や同期生のママたちのことが気になるお母さんに対して、「お母さん、どっちを向いていくの？」と語りかけ、目指すべき方向を示唆してくれた小学校のS先生の確かな目と温かさにも感動します。

　学校は子どもにとっては生きづらくてつらい所だったけれども、子どももお母さんも学校の先生方に受けとめられ、励まされ、支えられてきたという事実があるのです。登校拒否や登校しぶりをしている子どもにとっても保護者にとっても、一人ひとりの先生方とのつながりは、かけがえのない大切なものだと感じます。

　現在の学校は、親の世代が育ってきた学校とは比べものにならないほど管理的で画一的・競争的で寛容度の低い所となり、どの子ど

もにとっても生きづらさを感じる所になっています。発達障害や特別な教育的ニーズをもつ子どもにとっては、なおさらしんどい所です。

　できるだけゆるやかな枠の中で、子どもの状況を理解して見てあげたいと思っている先生方も多くいますが、先生個人の頑張りだけではどうしようもできない状況になってきています。子どものもつ特性を配慮し、その子らしい個性を尊重し、一人ひとりの子どもの発達の状況と気持ちや行動のペースに合わせた学校教育が行われなければなりません。そのためには、学ぶ内容が非常に増えている学習指導要領と教育課程の見直しが必要です。また、管理的で競争的な学校教育のあり方そのものが改善されなければなりません。学級定数の減少や教職員の大幅増員等の教育条件の整備も喫緊の課題です。そうでないと、こうして苦しむ登校拒否やひきこもりの子どもたちが後を絶たないと思います。

3. 納得と安心感の中で自分の力で立ち上がり 新しい世界へ歩み出す──まとめにかえて

　発達障害、登校拒否、ひきこもり、精神疾患といった言葉から連想されるものは、暗くつらいイメージであることが多いです。しかし、その現象だけにとらわれるのではなく、そこに存在している一人ひとりの子どもや青年が、そんな状態を抱えながらも一生懸命に生きている事実を見つめ、そこに寄り添うことがいかに大切なことかを、この家族の"物語"は語りかけてくれていると思います。

　現在は、長女のはなさんが一人暮らしを始め、長男じろさんと次男たろさんとお母さんの家族3人の暮らしになりました。まだまだ

現在進行形の弟さんたちですが、家族3人で夜遅くまでおしゃべりすることもよくあり、居心地よくゆるやかに過ごしているとのことです。

子どもたちは、登校拒否やひきこもりを続けている期間にも、目に見える能力の高まりなどの「タテへの発達」ではなくても、自分のもてる力を使って深く考えたり懸命に生活したりしながら「ヨコへの発達」をし続け、より豊かな人格を創りあげようとしています。そのことが、自分の人生を自分らしく生きることにつながっていくのだと思います。

登校拒否、ひきこもりが決して悪いことではなく、そこで生きるエネルギーを蓄えて元気になり、新たな自分づくりをして自分らしい生き方ができるように、家族や学校の先生方や支援に関わるすべての人たちが見守り支え続けることが大切です。周りの大人が、一人ひとりの子どもと向き合ってとことんつきあい、子どもの気持ちに共感したり想像したりすることを通して、子どもの奥深くに潜むまだ発揮されていない能力や素敵な世界に気づくことができ、その子らしい個性を輝かすことができるのだと思います。そのような子どもの素敵な姿や魅力を引き出すことも、教育や子育ての値打ちではないでしょうか。

今の時代、学校や社会における人への評価は一面的であることが多く、その背景には競争と管理と効率があります。しかし、そうした価値観に左右されない自分軸をしっかりもった生き方こそが、その人固有の個性的な自分らしい生き方、人としての尊厳を大事にした生き方になると思います。

また、このことは、一人ひとりの人格と生き方を尊重し大事にすること、多様な価値観や考え方、生き方を認めあい尊重し合う社会

を築いていくことにもつながると考えます。

　生きづらさを抱えつつも、一生懸命に生きていこうとしているすべての人、今、まさに悩みや苦しみ、葛藤のど真ん中にいる人たちとその支援者の方々が、この物語で語られている神髄に触れていただき、理解や関わりへの糸口を見つけていただければ幸いです。

（宮本郷子）

参考文献

『登校拒否を克服する道すじ〈改訂版〉』（NPO法人おおさか教育相談研究所、2020）

高井逸史・藤本文朗他編著『ひきこもっていても元気に生きる』（新日本出版社、2021）

漆葉成彦・藤本文朗他編著『何度でもやりなおせる―ひきこもり支援の実践と研究の今』（クリエイツかもがわ、2017）

奥住秀之・白石正久編『自閉症の理解と発達保障』（全障研出版、2012）

白石正久著『自閉症児の世界をひろげる発達的理解―乳幼児期から青年・成人期までの生活と教育』（かもがわ出版、2007）

　本書を作成するにあたり、寄稿してくださいました小学校・中学校の先生方やクリニックの先生、自立センターの職員の方々に改めてお礼申し上げます。

著者プロフィール

国立ともこ（くにたち ともこ）

家族そろってデコボコな特性をもったデコボコ家族の日常にあるネタを
漫画にした「デコボコ母さんのデコボコ劇場！」を描いてます。
http://ameblo.jp/dekoboko-kaasan

宮本郷子（みやもと きょうこ）

大阪教育大学・同大学院で障害児教育・子どもの発達について学ぶ。大阪府内の
小学校に31年間勤務。通常学級で発達に課題をもつ子どもたちもいきいき過ごせ
る楽しい学級づくり・授業づくりを実践。現在、龍谷大学社会学部特任教授。
大阪発達支援センター「ぽぽろ大東」の発達・教育相談員（2013年〜2021年）、
「おおさか教育相談研究所」の教育相談員（2013年〜現在）。
専門・研究　障害児教育・特別支援教育・インクルーシブ教育
主な著書『発達障害と向きあう』2007　クリエイツかもがわ
『インクルーシブ授業をつくる』2013　ミネルヴァ書房
『人権としての特別支援教育』2022　文理閣（すべて共著）など

謎が解かれたその日から

発達障害の3きょうだいとお母さんの物語

2023年1月15日　初版発行

著者　©国立ともこ・宮本郷子

発行者　田島英二

発行所　株式会社 クリエイツかもがわ

〒601-8382　京都市南区吉祥院石原上川原町21

電話　075 (661) 5741　FAX 075 (693) 6605

ホームページ　https://www.creates-k.co.jp

郵便振替　00990-7-150584

印刷所　モリモト印刷株式会社

ISBN978-4-86342-340-4 C0036　printed in japan

何度でもやりなおせる　ひきこもり支援の実践と研究の今
漆葉成彦・青木道忠・藤本文朗／編著
いちばん悩んでいる当事者・家族・関係者を励ます。ひきこもり経験のある青年、家族、そして「ともに歩む」気持ちで精神科医療、教育、福祉等の視点から支援施策と問題点、改善と充実をめざす課題を提起。　　　　　　　　　　　　　　2200円

発達障害のバリアを超えて　新たなとらえ方への挑戦
漆葉成彦・近藤真理子・藤本文朗／編著
本人と親、教育、就労支援、医療、研究者と多角的な立場の視点で課題の内実を問う。マスコミや街の中であふれる「発達障害」「かくあるべき」正解を求められるあまり、生きづらくなっている人たちの「ほんとのところ」に迫る。　　　　　　　　2200円

あたし研究1・2　自閉症スペクトラム〜小道モコの場合
小道モコ／絵・文
「自閉症スペクトラムと呼ばれる脳機能をもつ私」の世界は非常にオモシロイ。自閉症スペクトラムの当事者が「ありのままにその人らしく生きられる」社会を願って語りだす。　　　　　　　　　　　　　　　　　　　　　1980円／2200円

みんなのねがいでつくる学校
奈良教育大学付属小学校／編　解説／川地亜弥子
社会への適応とそれを可能にさせる教育が求められるいま、子どもの、親の、教師の本当のねがいはどこにあるのか。そして、学校本来の役割とは？　子どものための学びを追求しよう教育を語ることばをたずさえて。　　　　　　　　　　　2200円

インクルーシブ授業で学級づくりという発想
丹野清彦・関口武／著
正解はひとつ、そこに続く道もひとつ、ではない。議論、異論、みんないい。多様性を認めともに生きることを基本に、子どもが安心でき、落ち着く授業・学級をつくろう。気になる子どもの理解のてがかり、教科ごとの特徴をいかした授業を提案。　　　1980円

読みとけば見えてくる自閉症児の心と発達
熊本勝重著　越野和之・大阪教育文化センター編
「できない！」「わからない！」のはざまで揺れ動く自閉症児の心と発達を考える。自閉症の障害ばかりを見るのではなく、人として見ることを忘れないでほしい―自閉症児の子育てと教育のヒント満載。　　　　　　　　　　　　　　2200円

発達障害と向きあう　子どもたちのねがいに寄り添う教育実践　[2刷]
青木道忠・越野和之・大阪教育文化センター／編著
集団の中で発達する子ども観が貫かれ、どの子にも安心と自由が保障される教育がここに。アスペルガー障害、高機能自閉症、LD、ADHDなど、発達障害のある子どものねがいに迫る教育。　　　　　　　　　　　　　　　　　　1980円